KB108727

핫이슈 토론
헌법 속 제도 이야기

조준완
최재원
이건호
박다혜

핫이슈 도론 헌법 속 제도 이야기

발 행 일 2017년 9월 8일

지 은 이 조준완, 최재원, 이건호, 박다혜
펴 낸 이 손 형 국
펴 낸 곳 ㈜북랩
편 집 인 선일영 편 집 이종무, 권혁신, 이소현, 송재병, 최예은
디 자 인 이현수, 이정아, 김민하, 한수희 제 작 박기성, 황동현, 구성우
마 케 팅 김회란, 박진관, 김한결
출판등록 2004. 12. 1(제2012-000051호)
주 소 서울시 금천구 가산디지털 1로 168, 우림라이온스밸리 B동 B113, 114호
홈페이지 www.book.co.kr
전화번호 (02)2026-5777 팩 스 (02)2026-5747
ISBN 979-11-5987-746-9 43300(종이책) 979-11-5987-747-6 45300(전자책)

이 도서의 국립중앙도서관 출판예정도서목록(CIP)은 서지정보유통지원시스템 홈페이지(http://seoji.nl.go.kr)와 국가자료공동목록시스템(http://www.nl.go.kr/kolisnet)에서 이용하실 수 있습니다.
(CIP제어번호 : CIP2017022739)

핵심 쟁점 10가지로 연습하는

청소년 토론 입문서

핫이슈 토론

헌법 속 제도 이야기

조준완 · 최재원 · 이건호 · 박다혜 지음

북랩 book Lab

추천의 글 1.

- 前 헌법재판관 **조승형**

헌법재판소가 출범한 후 제2기 헌법재판관으로 재직하면서 다양한 헌법사건을 처리했던 경험은 내게도 특별하다. 그 중에는 5 · 18 특별법과 같이 정치적으로 뜨거운 이슈가 되어 대중적인 관심을 받았던 굵직한 사건도 있지만, 실상 대부분은 헌법에 부합하지 않는 법률이나 국가기관의 처분으로 인하여 억울한 일을 당했다고 주장하는 개인들의 토로에 의하여 제기된 사건들이 많다. 이는 헌법이 국가나 사회라는 집단적 개념의 주체에 대하여만 추상적으로 관계되는 것이 아니라 법률 또는 그 법률에 의하여 운용되는 제도를 통해 각 개인의 생활 영역에 구체적으로 적용되기 때문이다.

이 사회에서 운용되는 모든 제도는 이념적으로, 체계적으로 헌법을 근거로 한다. 따라서 법과 제도를 이야기할 때 빼놓지 말아야 할 것이 헌법이다. 이 책은 우리 사회에서 이슈가 되고 있는 각종 제도를 소개하면서 헌법적인 기준과 판단을 제공하고자 하므로 반가운 마음이 든다. 특히 민주주의의 핵심적 요소인 토론의 형식을 빌어 논리적으로 찬반론을 전개하고 다양한 관점을 제시할 뿐만 아니라 누구나 쉽게 이해할 수 있도록 배려하였는데, 이는 가까운 미래에 대한민국을 이끌어나갈 우리 청소년들이 리걸 마인드(Legal Mind)를 익히고 훈련하는 데 크게 도움이 될 것으로 믿는다.

추천의 글 2.

- 성균관대학교 교육학과 교수 **유재봉**

저는 토론하면 떠오르는 몇 가지 경험이 있습니다. 하나는 1990년대 영국 유학시절 의회(parliament)에서 노동당과 보수당 당수들이 의제에 대해 끝장토론을 하는 모습이 떠오릅니다. 의회라는 말은 원래 프랑스어 토론에서 온 말이며, 영국 의회는 그야말로 의회라는 말의 의미를 충실히 보여주고 있습니다. 다른 하나는 2000년대 민사고에서 개최된 전국중학생토론대회에 여러 차례 판정관으로 참여한 경험입니다. 전국에서 각지에서 모인 중학생들이 팀을 이루어 논쟁식 토론(debate)을 하였는데, 예선보다는 본선으로 갈수록, 그리고 해가 갈수록 더욱 정교한 토론을 펼쳐나가는 모습을 보며 뿌듯했던 기억이 있습니다.

우리나라의 교육을 볼 때, 한 가지 안타까운 점은 우리나라 학생들이 여러 교과 지식을 외우거나 문제풀이 학습에는 능하지만, 자신의 생각 혹은 관점이 부족하다는 점입니다. 그 결과 겉으로는 해박한 지식을 가진 것처럼 보이나, 실지로는 자신이 어떻게 살아야 하는지를 결정하는 데에는 별 영향을 미치지 못합니다. 그러므로 우리나라 교육은 고차적 사고나 창의적 사고를 기르는 교육, 자신의 관점으로 사회 현상을 볼 수 있는 눈을 키울 필요가 있습니다. 이러한 교육에 토론식 공부는 상당히 도움이 될 것입니다.

『핫이슈 토론 헌법 속 제도 이야기』는 우리 사회에서 뜨거운 논쟁거리인 열 가지 주제들을 토의 혹은 토론의 방식으로 접근한 책입니다. 이 책은 일상생활에서 경험하는 익숙한 소재를 다루고 있기도 하고, 또한 평이한 어투로 쓴 글이라 누구나 쉽게 읽을 수 있을 것입니다. 저는 사회적 이슈에 관심을 가지고 있거나 토론 방식에 관심이 있는 중·고등학생들이나 어려운 글을 싫어하는 대학생들에게 이 책을 읽기를 권합니다. 아마 이 책은 자신의 생각을 키워주는 좋은 길잡이가 될 것입니다. 공익을 위한 일을 하고 싶은 변호사이면서 교육학도인 박다혜 선생을 비롯한 저자들의 소망이 이 책을 읽는 분들을 통해 작은 결실이나마 맺을 수 있기를 바랍니다.

들어가는 글

우리가 스스로 만들어 놓은 제도에 대해 지속적으로 관심을 가지는 일은 더 나은 미래, 더 바람직한 사회를 위한 첫걸음입니다. 이러한 여정은 그 누구도 대신할 수 없는 우리 모두의 과제입니다.

이에 저희 저자들은 현재 이슈가 되고 있는 우리 사회 속 여러 제도에 관련된 문제를 대화와 토론의 방식으로 풀어보고자 하였습니다.

특히 우리 청소년들이 법과 제도에 담긴 구체적인 의미와 내용을 짚어내고, 논리적으로 사고하여 이를 적절하게 표현하는 방법을 연습하는 데에 조금이나마 도움이 되기를 바라는 마음에서 이 책을 내어 놓습니다.

2017년 9월

저자 일동

CONTENTS

Intro

교내 아웃사이더 삼인방인 나, 송예린, 최호준이 뭉친 우리 팀은 처음 참가한 교내 토론대회에서 그야말로 참패했다. 그러나 이에 기죽을 우리가 아니지. 다음을 기약하며, 토론대회에 특별심사위원으로 참석하신 유 교수님께 토론 지도를 부탁드렸는데 흔쾌히 승낙하셨다. 교수님은 매 주 한 가지 주제에 관하여 그냥 자유롭게 '끝장 토론'을 하자고 하셨다.

우리의 토론 멤버를 소개하면 다음과 같다.
나, 신혜온. 멋진 추리 소설을 쓰기 위해 오늘도 불철주야 독서에 힘쓰는 17살 고딩!
송예린. 새침한 듯하지만 알고 보면 의리에 죽고 사는 나의 단짝 친구.
최호준. 자칭 우리 학교의 상위 1% 브레인! 하지만 한 번도 준비물을 제대로 챙겨온 적이 없는 허당이다.
김형식. 유 교수님의 제자이자 한때 나의 공부방 선생님이었다. 까칠한 성격은 그대로인 듯하다.

전적이라고는 교내 참가상이 전부인 우리 토론팀이 유 교수님과 끝장 토론을 하다니! 이번 학기가 끝나면 엄청 똑똑해져 있을 우리를 기대하며, 자, 이제부터 시작이다!

Chapter 1

정당(正當)하게 정당(政黨)하기

정당제도와 위헌정당해산심판제도

정당인인 A는 평소 일본 정부가 우리나라에 대한 식민지배에 사과하지 않고 위안부 할머니에 대한 사과도 외면할 뿐만 아니라 오히려 독도가 일본 땅이라고 허무맹랑한 주장을 하는 것에 격분하여 이에 맞설 수 있는 정당의 설립을 결심하였다. A는 "무력 증강에 열을 올리는 일본이 언제 다시 제국주의로 회귀하여 우리나라를 침략할지 모르니 우리나라가 먼저 일본을 무력으로라도 정복하여 이름에 걸맞은 큰 한국(大韓)을 이룩하여야 한다"고 주장하며 '큰한국당'을 설립하고 정당의 정관에도 이러한 목적을 분명히 하였다. 또한, 이를 위해서는 강력한 정부가 필요하므로 삼권분립을 제한하여 대통령에게 권한을 집중시키고 국민 의사의 결집을 위해 언론 및 집회, 결사의 자유를 상당 부분 제한하는 헌법 개정이 필요하다고 역설하였다.

한편 법무부 장관은 '큰한국당'의 목적이나 활동이 민주적 기본질서에 위배된다는 이유로 헌법재판소에 위헌정당해산심판을 청구하였다.

생각해보기

1. 현대 민주주의 정치체제에서 정당의 역할은 무엇인가?
2. 대한민국 헌법상 '민주적 기본질서'는 무엇을 말하는가?
3. 정당해산심판제도는 정당 설립 자유 및 복수정당제 보장 규정과 모순되지 않는가?
4. 위헌 정당을, 선거를 통한 심판이 아니라, 강제로 해산시키는 것이 민주주의의 방식에 부합하는가?

헌법

제8조

① 정당의 설립은 자유이며, 복수정당제는 보장된다.
② 정당은 그 목적·조직과 활동이 민주적이어야 하며, 국민의 정치적 의사형성에 참여하는 데 필요한 조직을 가져야 한다.
③ 정당은 법률이 정하는 바에 의하여 국가의 보호를 받으며, 국가는 법률이 정하는 바에 의하여 정당운영에 필요한 자금을 보조할 수 있다.
④ 정당의 목적이나 활동이 민주적 기본질서에 위배될 때에는 정부는 헌법재판소에 그 해산을 제소할 수 있고, 정당은 헌법재판소의 심판에 의하여 해산된다.

피청구인 통합○○당을 해산한다.
피청구인 소속 국회의원 김○○, 이○○는 의원직을 상실한다.

유 교수 얘들아, 몇 년 전에 우리나라에서 처음 헌법재판소 결정으로 정당이 해산된 엄청난 사건이 있었던 것 알지?[1] 혜온이, 호준이는 그때 어떤 생각이 들었을까?

혜온 뉴스에서 엄청 크게 보도하는 것 같긴 하던데…. 저는 매일 늦게까지 학교 숙제에 학원 숙제까지 하느라 사실 정당이 해산되든 말든 별 느낌은 없었어요. 제게 당장 중요한 건 우리 댄스 동아리가 해산되지 않는 것이거든요. 선생님이 숙제 제대로 안

1) 헌재 2014. 12. 19. 2013헌다1 통합진보당 해산 결정.

해오면 우리 동아리를 해산시키신다고 하셔서요. 헌법상 보장된 우리의 행복추구권은 왜 이렇게 늘 위태로운 건가요?

호준 사실 저도 뭐 그때는 그냥 정치인들이 늘 서로 싸우는 모습 중에 하나라고 생각했는데, 알고 보니 엄청 중요한 일이었더라고요. 헌법재판소가 그렇게 어마어마한 권한이 있다는 것에 새삼 놀랐어요. 정당도 해산하고, 국회의원 지위도 박탈하고….

유 교수 그랬구나. 너희들의 무관심에도 불구하고, 헌법재판소의 정당 해산 결정이 있었던 2014년 12월 19일은 우리나라 헌정사에서 굉장히 중요한 날로 기억될 거야. 그래서 오늘 위헌정당해산심판제도를 포함해서 전반적으로 정당제도에 관한 이야기를 해 보자고 했던 거야. 준비됐지?

혜온/호준 네~

정당과 권력 분립

유 교수　　‘정치’ 하면 다들 ‘정당’이 먼저 떠오르지? 정당은 국회의원을 배출하는 산실이자 국정 운영에 중요한 역할을 하는 곳이야. 그렇지만 국가기관이 아니라 사적 단체에 불과하지. 사적 단체에 불과한 정당이 마치 국가기관처럼 권한을 가지고 국정에 중요한 역할을 한다는 게 호준이는 좀 이상하지 않니?

호준　　글쎄요. 솔직히 평소에 그런 생각은 안 해 봤는데 그러고 보니 이상한 것 같기도 한 걸요? 초등학교에서 열심히 배우고 익힌 지식에 의하면 국가 권력을 입법, 행정, 사법으로 나누고 이를 국회, 정부, 법원이 각각 담당하게 하는 것을 ‘삼권분립’이라고 하잖아요. 그런데 정당은 특별히 어떠한 역할을 하는지 잘 모르겠어요.

유 교수　　‘삼권분립’이라는 것이 원래 권력이 집중되는 것을 방지하고 권력 기관 간에 ‘견제와 균형’을 이루도록 하는 건데, 정당정치가 확립된 이후로는 대통령을 배출한 정당이 국회에서 다수당이 되면 국회와 정부가 서로 견제를 하는 것이 아니라 오히려 서로 돕는 관계가 되어 버리지. 권력 분립이 아니라 권력 융화 현상이 나타나게 된 거야. 그래서 지금은 국회와 정부 간의 엄격한 견제와 균형보다는 여당과 야당 간의 견제와 균형이 점점 중요해지고 있어.

혜온　　　결국 여당과 야당이 서로 견제하고 협상해서 결론을 낸 다음에 국회를 통해서 정부 정책을 뒷받침하기도 하고 막기도 하는 거죠? 국가기관 간의 엄격한 권력분립은 아니지만 실제로는 여당과 야당을 통해서 어느 정도는 권력분립이 이루어지는 거네요. 그런데 여당과 야당은 서로 너무 싸우기만 해서 국가 정책에 대한 진지한 토론과 협상을 하는 모습은 별로 본 적이 없는 것 같아요.

유 교수　　그렇지, 혜온이가 문제점을 정확히 지적한 것 같아. 여당이든 야당이든 다음 정권을 차지하기 위해서 서로 무조건 반대만 하고 정책 대결보다는 표를 얻기 위한 감정적 대결에 치중하는 것이 문제이지.
여당과 야당의 견제와 균형이 권력의 집중을 방지하는 역할을 하니까 중요하긴 하지만, 이처럼 무조건 상대를 비난하기만 하는 감정적이고 미성숙한 정치 문화가 계속되면 국민도 질려 할 것이고 심지어 정치를 혐오하거나 무시하는 단계에 이를 수도 있어서 위험해. 이 사실을 정치인들이 명심해야 할 것 같아.

호준　　　그게 꼭 우리나라 문제만은 아니죠? 뉴스에서 보면 다른 나라들도 정당끼리 싸우는 모습은 다 비슷한 것 같아요. 정당 이름도 나라마다 비슷하고….

각국의 정당제도

유 교수　　말이 나온 김에 다른 나라들은 어떤 정당제도를 가졌는지 알아볼까? 우선 한 개의 정당만이 국가권력을 독점하는 제도를 '단일정당제(일당제)'라고 하고, 다수의 정당이 서로 경쟁하는 것을 '복수정당제'라고 해. 복수정당제 중에서도 실질적으로 대표적인 두 개의 정당만이 정권 획득의 가능성이 있으면 이를 '양당제'라고 하고 여러 개의 정당이 경쟁하는 체제를 '다당제'라고 하는데, 여기에서 잠깐 퀴~즈! 양당제라고 할 수 있는 대표적인 나라가 어디일까?

호준　　정답! 미국과 영국이잖아요. 설마 그걸 모를 것으로 생각하신 건 아니죠? 근데 미국과 영국은 정말 정당이 딱 두 개뿐인가요?

미국과 영국의 양당제

유 교수　　아니야, 미국이나 영국도 여러 개의 군소정당이 있지만, 역사적으로 미국은 1860년 이후부터 지금까지 **공화당**(Republican Party)과 **민주당**(Democratic Party)이 서로 대결하는 양당제가 확립되어 있어.
영국은 17세기에 정당제도의 시초가 된 토리당(Tory Party)과 휘그당(Whig Party)이 대립했는데 토리당은 **보수당**(Conservative

Party)으로, 휘그당은 **자유당**(Liberal Party)으로 발전해서 보수당과 자유당의 양당체제를 유지해 왔지. 하지만 산업혁명을 계기로 노동 계급이 성장하고 1900년에 노동당이 결성되면서 1922년 선거에서 자유당이 무너지고 **노동당**(Labour Party)이 제2당으로 득세한 이후로는 계속 보수당과 노동당의 양당체제를 이어 왔지.

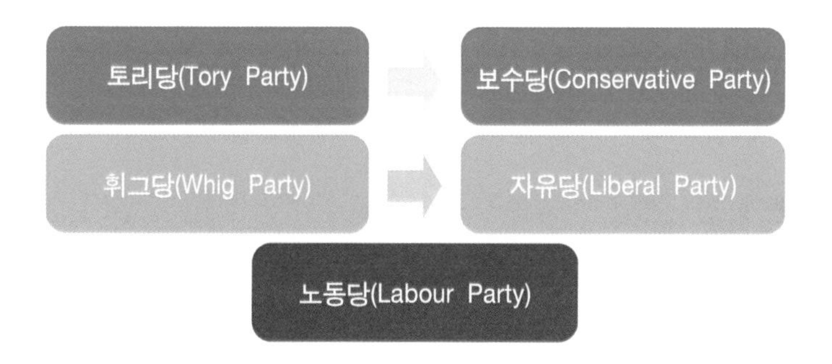

그런데 2010년 총선에서는 과반수를 차지한 다수당이 없이 보수당과 노동당, 자유민주당(Liberal Democrats) 순으로 3당 체제가 되었어. 제1당인 보수당이 제3당인 자유민주당과 연정(聯政)을 구성하고 노동당은 야당이 되었지. 그리고 영국 의회 구성을 위한 선거는 아니지만, 2014년 5월에 있었던 유럽의회 영국 대표를 뽑는 선거에서는 반(反)유럽연합과 반(反)이민자주의를 내세운 극우 성향의 영국독립당(UKIP)[2]이 노동당과 보수당을 제치고 제1당으

2) UK Independence Party.

로 올라서기도 했단다. 오랜 역사를 통해 확립되었던 양당 체제가 흔들리고 있는 거지.

혜온　　　　이제는 영국 국민도 보수당이나 노동당 외에 다른 대안이 필요하다고 생각하고 있나 봐요. 아무래도 사회가 점점 다양화되고 있으니까 선택의 폭도 넓어지겠죠.
근데 저는 개인적으로 중국이 제일 궁금해요. 중국은 사회주의 국가니까 중국공산당이 당연히 유일한 정당이겠죠?

중국의 정당과 국가기관

유 교수　　　글쎄, 그런 것 같기도 하고 아닌 것 같기도 하고… 중국에는 중국공산당 말고도 다른 정당이 여러 개 있단다.[3] 그런데 사실 공산당 외에는 다들 독립적으로 집권하기 힘든 상황이라 중국공산당에 협조하는 위성정당에 불과하지. 중국공산당이 국가를 이끌고 다른 정당은 공산당에 협력하는 관계라고 해서 이를 '다당 합작 제도'라고 부르기도 한다는데, 사실상 완벽한 일당제라고 볼 수 있지.

혜온　　　　그럼 중국공산당과 행정부의 관계는 어떻게 되는 건

---

3) 중국공산당 외에 중국 정당은 중국 국민당 혁명위원회, 중국 민주 동맹, 중국 민주 건국회, 중국 민주 촉진회, 중국 농공 민주당, 중국 치공당, 구삼학사, 타이완 민주 자치 동맹 등이 있다.

가요? 국가주석도 있고 총리도 있고, 당의 대표도 따로 있는 것 같던데….

유 교수　중국은 법률상 국가 최고기관이 우리나라의 국회에 해당하는 **전국인민대표대회(전인대)**인데, 사실 전인대는 명목상 최고 권력기관이고 사실상 정당인 중국공산당이 거의 모든 권력을 장악하고 있다고 보면 돼.[4] 대부분의 중요한 정책 결정을 중국공산당에서 하고 전인대가 이를 형식적으로나마 비준하면 공식적인 정책으로 채택되는데, 이렇게 채택된 정책은 우리나라의 행정부에 해당하는 국무원에서 집행하는 것이지. 중국에서 국가를 대표하는 자리는 **국가주석**인데 1993년 이후로 당 대표인 **당 총서기**[5]가 국가주석을 겸하고 있고, 국무원의 수장인 **총리**는 국가주석이 임명을 제청해서 전인대에서 결정하지.

호준　결국 중국공산당의 최고 지도자가 중국의 최고 지도자가 되고, 중국공산당이 중요한 국가정책을 결정하면 정부는 이를 집행하는 역할을 하는군요. 삼권분립이나 여당과 야당 간의 견제와 균형, 이런 것은 생각할 수 없겠어요.

4) 중국공산당의 최고위급 지도자 7~9명으로 구성되는 '중국공산당 중앙정치국 상무위원회'가 당과 중국 전체에 대한 최고의 지도권을 행사한다.

5) 중국공산당 중앙위원회 총서기의 약칭.

복수정당제의 보장

유 교수　　그런 셈이야. 그럼 우리나라를 한 번 살펴볼까? 우리나라 헌법 제8조 제1항은 정당제도와 관련해서 '**정당의 설립은 자유이며, 복수정당제는 보장된다**'라고 규정하고 있어. 복수정당제를 보장한다는 말은 일당제를 허용하지 않겠다는 의미야. 일당제는 특정 정당에 의해서만 정권이 유지되는 체제이기 때문에 필연적으로 강력한 힘을 가진 독재 국가가 될 수밖에 없고 그러한 독재 국가 체제에서는 국민의 기본권이 침해될 가능성이 크기 때문이지.

혜온　　그런데 정당제도가 반드시, 절대로, 꼭 필요한가요? 아까도 말씀하셨지만, 정당을 통해서 국회와 정부 간의 권력분립도 약해지고, 여당과 야당이 맨날 감정적으로 싸우기만 해서 크게 도움이 되지 않는 것 같아요.

유 교수　　극히 일부의 사람들은 정당이 국론을 분열시키고 국가 전체적인 이익보다 자기 정당의 이익만을 위해서 여론을 호도한다는 이유로 정당제도를 아예 없애자고 하는 의견도 있어. 그런데 국민이 자신의 정치적 의사를 적극적으로 실현하기 위해서 비슷한 정치적 견해를 가진 사람들과 자발적으로 모인 것이 정당이잖아. 국민이 자신의 정치적 의사를 실현하기 위해서 자발적으로 모이는 것을 막을 수 있을까? 그렇게 하는 것 자체가 국민의 기본권을 부당하게 제한하는 것이겠지.

국회의원이 당적을 변경하면 자격을 잃을까?

호준 물론 그렇기는 하죠. 그런데 우리나라 정당을 보면 미국이나 영국처럼 한 정당이 오래 지속하면서 여당이 되었다가 야당이 되기도 하는 것이 아니라, 거의 매번 대통령 선거 때면 정당이 합쳐지거나 분열되는 것 같아요. 심지어 이름만 바뀌기도 해서 도대체 정당이 비슷한 정치적 견해를 가진 사람들이 모인 것이 맞는지 의심스러울 때가 많아요. 정당이 그렇게 정체성을 가지지 못하는 것 자체가 대의제 민주주의에서 정당의 역할을 제대로 수행하지 못하고 있음을 의미하는 것 아닌가요?
국회의원들도 마찬가지예요. 유권자들은 보통 자기가 좋아하는 정당의 후보자에게 투표하는데 그 후보자가 국회의원이 되고 난 다음에 탈당해서 다른 정당에 가 버리면 자기를 찍어 준 유권자들을 완전히 배신하는 거죠. 배신! 배반! 현대 민주주의에서 정당의 역할이 그렇게 중요하다면 적어도 그런 경우에는 국회의원 자격을 박탈해야 할 것 같아요. 실제로도 박탈되지 않나요?

유 교수 자, 흥분을 가라앉히고 한 번 생각해 보자. 호준이가 말한 대로 정당을 여기저기 옮겨 다니는 정치인을 보통 깎아내려서 '철새 정치인'이라고 하지. 정치인이 원칙이나 소신 없이 정치적인 이익만을 좇아서 정당을 바꾸는 행위는 정치적으로 비난받아 마땅해. 당선을 위해서 유권자들의 기대와 믿음을 이용했다가 당선 후에 개인의 정치적인 입지를 위해서 이를 저버리는 것이니까 말이야.

그런데 그런 이유로 지역구 국회의원이 당적을 변경하더라도 국회의원의 자격을 잃지는 않아. 다만 지역구 국회의원이 아니라 비례대표 국회의원[6]은 그 후보자가 아닌 정당에 대한 투표결과로 선출된 것이니까 비례대표 국회의원이 임의로 당적을 이탈하면 국회의원의 자격이 상실되지.[7]

혜온 정말이요? 그렇다면 지역구 국회의원도 정당 후보인 경우에는 유권자들이 보통 정당을 보고 투표를 하니까 국회의원이 정당을 변경하면 자격이 박탈되어야 마땅한 것 아닌가요? 왜 법으로 그렇게 규정하지 않는 거죠?

유 교수 지역구 의원 중에서는 정당 후보인 경우도 있고, 정

6) 어느 지역의 후보자들끼리 경쟁하여 그 후보자들에 대한 투표결과 당선된 의원을 지역구의원이라고 하고, 정당에 대한 득표율에 따라 해당 정당에 분배된 인원수만큼 당선된 의원을 비례대표의원 또는 전국구의원이라고 한다.

7) 공직선거법 제192조 ④ 비례대표국회의원 또는 비례대표지방의회의원이 소속정당의 합당 · 해산 또는 제명 외의 사유로 당적을 이탈 · 변경하거나 2 이상의 당적을 가지고 있는 때에는 「국회법」 제136조(退職) 또는 「지방자치법」 제78조(의원의 퇴직)의 규정에 불구하고 퇴직된다. 다만, 비례대표국회의원이 국회의장으로 당선되어 「국회법」 규정에 의하여 당적을 이탈한 경우에는 그러하지 아니하다.

당에 소속되지 않은 무소속 후보도 있으니까 유권자들이 반드시 정당을 보고 투표한다고만 볼 수는 없어. 오히려 후보자 개개인의 자질을 더 중요하게 생각하는 사람도 많거든.
헌법적으로 생각해 보자. 대한민국헌법 제46조 제2항에는 '**국회의원은 국가이익을 우선하여 양심에 따라 직무를 행한다**'라고 규정되어 있는데, 이는 국회의원의 신분이 해당 지역의 대표이기 전에 또 소속정당의 대표이기 전에 국민의 대표로서 국가 전체의 이익을 우선하여 직무를 행하는 사람이라는 뜻이야. 그러니 국회의원이 소속정당을 탈당해서 다른 정당으로 당적을 변경했다고 하더라도 국민으로부터 위임받은 국민의 대표라는 신분은 달라지지 않는 것이지. 다만 정치인의 비난 받을 만한 행위에 대해서는 유권자들이 다음 선거에서 투표로 심판해야겠지.

호준 그런데 어른들은 자기가 지지하는 사람이나 정당이 있으면 그 사람이 어떤 비난 받을 만한 행위를 하더라도 별로 문제 삼지 않고 계속 그 사람이나 정당에 투표하는 것 같아요. 유권자들이 가진 힘은 투표에서 나오는 것인데 말이죠.

유 교수 호준이나 혜온이도 만 19세가 되면 자기 생각과 비슷한 정책을 시행하고 있는 정당에 가입하거나 선거에서 투표에 참여하는 방법으로 국가 정책에 영향을 끼칠 수 있게 되겠지.[8] 지금 이렇게 공부하고 있으니까 너희들은 분명히 현명한 유권자가 될 거야.

혜온　　　아~ 빨리 그런 날이 오면 좋겠어요. 제 손으로 직접 국회의원도 뽑고 대통령도 뽑고 그러면 신날 것 같아요.

위헌정당해산심판제도

유 교수　　이처럼 정당은 오늘날 대의제 민주주의에서 필수불가결한 요소이기 때문에 정당의 자유로운 설립과 활동이 민주주의를 실현하는 전제조건이 된다는 거야.[9] 물론 정당의 목적이나 활동이 '민주적 기본질서'에 어긋나지 않는다면 말이지.

호준　　　그런데 그렇게 자유롭게 설립된 정당의 목적이나 활동이 '민주적 기본질서'에 어긋날 때에는 해산시킬 수 있다는 것이죠? 설립은 자유이지만 해산될 수도 있다… 뭔가 좀 이상하기도 한데요. 아예 처음부터, 민주적 기본질서에 어긋나는 정당은 설립

---

8) 현행 공직선거법상 19세 이상의 국민에게 선거권이 주어지고(공직선거법 제15조), 국회의원 선거권이 있는 자는 정당의 발기인 및 당원이 될 수 있다. (정당법 제22조)

9) 오늘날 민주주의 체제는 기본적으로 대의제를 채택하고 있고, 다양한 정치적 이념과 가치관을 추구하는 여러 정당들이 사회의 공적인 갈등과 정치적 문제를 둘러싸고 각자의 대안과 해법을 제시하는 과정에서 다수 국민의 지지를 얻는 정당으로 하여금 주어진 시한 속에서 국정의 주도권을 행사하도록 보장하는 절차로 운영된다. 논리와 정당성의 우위를 통해 지지를 확보하려는 정당들의 경쟁 속에서 사회의 민주적 발전을 이룩하고자 하는 복수정당 체제가 그 기본바탕이 된다. (헌재 2014. 12. 19. 2013헌다1 통합진보당 해산 결정문 중에서)

할 수 없다고 해야 하는 것 아닌가요?

유 교수　　처음부터 일정 조건에 어긋나는 정당은 설립할 수 없다고 하게 되면 설립 단계에서부터 정부가 이를 심사해서 허가 여부를 결정하게 되니까 정당의 자유로운 설립을 보장할 수 없게 되겠지. 설립하기 전에는 그 정당이 민주적 기본질서에 어긋나는 정당인지 판단하기도 어렵고 말이야. 그래서 일단 설립은 자유롭게 할 수 있도록 하고 다만 그 목적이나 활동이 민주적 기본질서에 어긋날 때 헌법재판소의 결정에 의해서만 해산될 수 있도록 정당 해산 절차를 엄격하게 규정한 거야. 그렇지 않으면 정부가 자기 마음에 들지 않거나 차기 집권이 유력한 정당이 있을 경우 등록 취소해서 강제 해산시킬 수도 있으니까. 실제로 우리나라 현대사에도 있었던 일이야.

1958년에 이승만 정부가 당시 조봉암[10]이 당수로 있던 진보당을 등록 취소해서 해산하고 조봉암에게 간첩죄를 씌운 뒤 그다음 해인 1959년에 사형을 집행한 적이 있었어. 한참 후인 2011년 1월에 유족들이 이 사건을 재심 청구했는데, 대법원은 조봉암에 대한 국가변란과 간첩 혐의에 대해 원심을 파기하고 무죄를 선고했지.[11]

---

10) 1948년 제헌의회 의원, 헌법기초위원회위원, 초대 농림부장관을 거쳐 1950년에 국회부의장으로 선임됨. 1952년 제2대 대통령선거 및 1956년 제3대 대통령선거에서 대통령후보로 나서 각 2위로 낙선하였고, 1957년에 진보당 창당(위원장)하여 1958년 1월 국가보안법위반 및 간첩 혐의로 검거됨.

11) 대법원 2011. 1. 20. 선고 2008재도11 전원합의체 판결.

52년이라는 세월이 흐른 뒤에야 혐의를 벗고 명예를 회복한 거야. 1960년 4·19 혁명으로 이승만 정권이 무너진 후에 이러한 역사에 대한 반성을 하게 됐고, 1960년 6월 15일 헌법 개정을 통해서 정당해산심판제도가 도입된 거지.

혜온 아… 그런 일이 있었네요. 국가권력이 한 사람에게 집중되는 것이 국가적으로나 개인적으로나 얼마나 위험한 일인지 알겠어요. 정당해산심판제도는 다소 위험해 보이는 정당을 해산하기 위한 근거를 마련하기 위해서 만들어진 제도라기보다 그런 정당이라도 헌법재판소를 통하지 않고는 해산될 수 없도록 오히려 정당의 활동을 보호하기 위해 만들어진 제도였네요. 이렇게 역사적인 의미가 담긴 제도인지 몰랐어요.

무엇이 '민주적 기본질서'인가

유 교수 그런데 '민주적 기본질서'에 위배된다는 것은 구체적으로 어떤 경우를 말하는 걸까? 헌법은 우리나라가 어떠한 가치와 시스템을 가져야 하는지에 대한 국민적인 합의인데, 헌법에서는 어떠한 가치와 질서를 '민주적 기본질서'라고 하는 걸까?

혜온 일단 '민주적'이니까 민주주의를 말하는 것 같고요. 민주주의를 위한 기본적인 질서가 뭐가 있을지… 아! 헌법 제1조

제1항이 '대한민국은 민주공화국이다' 이거잖아요. 제2항은 '대한민국의 주권은 국민에게 있고, 모든 권력은 국민으로부터 나온다' 이고요. 헌법 제1조가 민주적 기본질서 아닐까요? 모든 권력이 국민으로부터 나오는 민주공화국.

유 교수　　그렇지, 민주적 기본질서는 입헌적 민주주의 체제를 유지하는 데 가장 필요한 핵심적이고 기본적인 요소를 말해. 그리고 우리 헌법재판소는 구체적인 민주적 기본질서에 해당하는 것으로 국민주권의 원리, 기본적 인권의 존중, 권력분립제도, 복수정당제도 등을 꼽았어.[12] 이러한 요소를 부정하는 정당은 '위헌 정당'으로 해산될 수 있다는 것이지.

위헌 정당은 강제로 해산되어야 하는가?

유 교수　　그럼 이 대목에서 각자 준비해 온 것들을 한 번 이야기해 보자. 만일 북한의 권력 세습을 찬양하고 북한식의 사회주

---

12) 우리 헌법 제8조 제4항이 의미하는 민주적 기본질서는, 개인의 자율적 이성을 신뢰하고 모든 정치적 견해들이 각각 상대적 진리성과 합리성을 지닌다고 전제하는 다원적 세계관에 입각한 것으로서, 모든 폭력적 · 자의적 지배를 배제하고, 다수를 존중하면서도 소수를 배려하는 민주적 의사결정과 자유 · 평등을 기본원리로 하여 구성되고 운영되는 정치적 질서를 말하며, 구체적으로는 국민주권의 원리, 기본적 인권의 존중, 권력분립제도, 복수정당제도 등이 현행 헌법상 주요한 요소라고 볼 수 있다. (헌재 2014. 12. 19. 2013헌다1)

의 국가를 건설하자고 주장하는 정당이나, 일본을 한국이 무력으로 정복하여 이름에 걸맞게 큰 한국(大韓)을 이룩하자고 주장하는 위헌적인 정당이 있다고 한다면, 이런 정당들을 강제로 해산해야 하는 걸까, 아니면 정당설립의 자유가 있으니 선거라는 제도를 통해서 국민의 심판을 받도록 하는 것이 바람직한 걸까? 호준이부터 이야기해 보자.

호준 저는 그런 위헌 정당들은 당연히 헌법재판소의 심판을 통해 강제 해산되어야 한다고 생각해요. 그런 정당들이 실제로 정권을 잡기는 어렵겠지만, 만에 하나 어떠한 변수가 작용해서 정권을 잡게 된다면 그동안 우리가 이루어 놓았던 민주주의와 법치주의가 하루아침에 허물어질 위험에 처하게 될 테니까요.

혜온 저는 민주주의는 사람마다 다양한 의견을 가질 수 있다는 것을 인정하고, 소수의 의견이라도 그 의견이 제시되거나 토론되는 것 자체를 막아서는 안 된다고 생각해요. 민주적 기본질서에 위반된다면 어차피 그런 주장에 동조하는 사람은 많지 않을 거예요.
적어도 우리가 지켜야 하는 것이 민주주의라면, 아무리 위헌적인 정당이라고 하더라도 정당 설립의 자유가 있으니 원칙적으로는 자유롭고 공정한 선거가 진행될 수 있도록 보장해야 한다고 생각해요. 그들의 주장이 국민의 일반적인 관념이나 상식에 맞지 않는다면 선거에서 지지를 받지 못할 것이고 그 결과 지지기반을 상실하여 저절로 소멸하도록 하는 것이 민주주의의 이념에 충실한 것 아닐까요?

호준 그건 너무 이상적이고 안이한 태도라고 생각해요. 역사적으로도 독일의 히틀러에 의한 나치당 정권이나 이탈리아의 무솔리니에 의한 파시스트당이 무력으로 정권을 잡은 것이 아니라 당시 국민의 지지를 기반으로 성장해서 정권을 잡았고, 그 결과 세계대전을 일으키고 대량학살을 저질렀던 사실을 기억해야 해요. 그러니 민주적 기본질서를 위협하는 정당에 대해서는 그들이 자연적으로 소멸하기만을 기다리는 것보다는 민주주의의 근간을 흔들기 전에 방어적 민주주의 차원에서 미리 이를 방지할 필요가 있습니다.
어떠한 경위에서건 위헌적인 정당이 지지를 얻고 정권을 잡게 되면 기존의 헌법 질서를 바꾸려고 할 테니까 매우 강력한 힘을 가진 정부가 되어야 할 것입니다. 그렇다면 이런 정부는 필연적으로 독재와 인권 탄압을 수반할 수밖에 없죠.

혜온 이상적인 것이 아니라 민주주의의 원칙을 지키는 것입니다. 아무리 위헌적인 주장을 한다고 해도 이를 강제로 해산시켜서 국민이 판단하고 심판할 기회를 빼앗는 것은 민주주의와 맞지 않는 것 아닌가요? 이런 원칙을 지키려 하지 않는다면 민주주의를 빼앗기는 것이 무서워서 도리어 민주주의를 부정하는 모순에 빠지게 되는 것이죠.

호준 원칙은 '정당은 목적과 조직과 활동이 민주적이어야 한다'는 것입니다. 정당은 정권을 잡는 것을 목표로 하는 단체입니다. 많은 사람이 참여하기 때문에 그럴 능력도 갖추고 있고요. 정권을 획득하기 위해서 자기들이 추구하는 이념과 정책을 제시하고 국민을 설득하기도 하지만 기만적인 수단을 쓰거나 감정에 호소하여 여론을 주도하고 국민의 지지를 얻어내기도 합니다. 실제로 경제적인 여건이나 국제관계 등이 급격히 어려워지는데 기존 정권이 이에 적절하게 대처하지 못하게 되면, 과격한 주장으로 그동안 지지율이 미미했던 정당들도 갑자기 지지를 얻게 되는 경우가 없지 않습니다. 독일의 나치당도 그랬고요.[13]

위헌 정당에 관한 판단을 국민이 반드시 선거를 통해 직접 해야 하는 것도 아닙니다. 나라에 따라 법원이 할 수도 있고 헌법재판소가 할 수도 있죠. 국민은 그들이 헌법이나 법률의 전문가이기 때문에 헌법을 통해서 권한을 위임한 것입니다. 결국, 간접적으로 국민이 판단하는 것이죠. 이것이 민주주의이자 법치주의 아닌가요.

혜온 민주주의가 성숙하지 못한 국가에서는 권력을 가진

13) 나치당은 1928년 5월 선거에서 2.6%의 득표에 그쳐 고작 12석의 의석을 확보하는 수준이었다. 그러나 불과 2년 후인 1930년 9월 선거에서 18%를 득표했고, 107석의 의석을 가져갔으며, 다시 2년이 지난 1932년 7월에 있었던 선거에서 나치당은 전체 투표자 중 37.2%의 지지를 얻었고, 230석의 의석을 획득함으로써 제1당으로 부상하였다. 이처럼 나치당은 불과 4년 만에 2.6%의 지지율을 보인 군소정당에서 37.2%의 득표에 성공한 제1당으로 변모한 것이다. (헌재 2014. 12. 19. 2013헌다1)

쪽이 항상 위험을 강조하고 과장하면서 그 반대자들을 탄압해 왔습니다. 사회가 다양한 의견을 포용하지 못하여 토론과 논쟁, 선거를 통한 민주주의를 실현하지 못하고 자꾸 강제적인 힘을 동원하여 해결하려 한다면 오히려 우리 사회는 점점 민주주의와 멀어질 것입니다. 따라서 위헌적인 상태가 기존 질서를 침해할 명백한 위험이 있는 때에만 제한적으로 강제 해산을 허용해야 합니다.

유 교수　　그래, 다들 좋은 의견이야. 들어보니 결국은 방어적 민주주의의 차원에서 정당해산심판제도 그 자체의 필요성은 있지만, 민주주의를 제한하지 않는 범위에서 행사되는 것이 중요한 문제인 것 같아. 헌법재판소도 통합진보당 해산 결정을 하면서 결정문에 이렇게 이야기하고 있어.

"정당해산심판제도가 비록 정당을 보호하기 위한 취지에서 도입된 것이라 하더라도 다른 한편 이는 정당의 강제적 해산 가능성을 헌법상 인정하는 것이므로, 그 자체가 민주주의에 대한 제약이자 위협이 될 수 있음을 또한 깊이 주의해야 한다. **정당해산심판제도는 운용 여하에 따라 그 자체가 민주주의에 대한 해악이 될 수 있으므로 일종의 극약처방인 셈이다. 따라서 정치적 비판자들을 탄압하기 위한 용도로 남용되는 일이 생기지 않도록 정당해산심판제도는 매우 엄격하고 제한적으로 운용되어야 한다. '의심스러울 때는 자유를 우선시하는**(in dubio pro libertate)' 근대 입헌주의의 원칙은 정당해산심판제도에서도 여전히 적용되어야 할 것이다."[14]

이 말을 오늘의 결론으로 하자꾸나. 혜온이, 호준이 모두 수고했다.

혜온 정치 얘기를 오래 하다 보니까 갑자기 머리가 아파지면서 떡볶이가 마구 마구 당겨요. 교수님~

---

14) 헌재 2014. 12. 19. 2013헌다1 통합진보당 해산 결정문 2. 가. (3) 제도의 엄격운용 필요성.

Chapter 2

대의제 민주주의와 선거

우리는 어떻게 정치에 참여하는가?

A는 인구 60만 명의 대도시 X시의 시민이다. 친구인 B는 인구 10만 명의 소도시 Y시의 시민이다. 지방선거가 다가오면서 둘은 각각 누가 지역구 국회의원으로 선출될지에 대해서 이야기를 나누었다. 그러던 중 문득 A는 자신의 한 표가 B의 한 표에 비해 상대적으로 평가절하 된다는 생각이 들었다. 인구 10만 명인 Y시 시민들의 의사를 대표할 국회의원이 1명이라면, 인구 60만 명인 X시 시민들의 의사를 대표할 국회의원은 그 6배인 6명이 되어야 하는 것 아닌가?

생각해보기

1. 대의제 민주주의에서 민주적 정당성의 의미는 무엇인가?
2. 인구수에 따라 투표가치에 차이가 있는가?
3. 선거구별 인구수의 차이는 어느 정도까지 허용될 수 있나?

헌법

제1조 제2항
대한민국의 주권은 국민에게 있고, 모든 권력은 국민으로부터 나온다.

제24조
모든 국민은 법률이 정하는 바에 의하여 선거권을 가진다.

제41조 제1항
국회는 국민의 보통·평등·직접·비밀선거에 의하여 선출된 국회의원으로 구성한다.

제67조 제1항
대통령은 국민의 보통·평등·직접·비밀선거에 의하여 선출한다.

공직선거법 제15조 제1항
19세 이상의 국민은 대통령 및 국회의원의 선거권이 있다.

대한민국의 주권은 국민에게 있다

유 교수 오호라. 오늘 혜온이 눈빛이 예사롭지 않은 걸 보니 뭔가 단단히 준비해 온 모양이구나.

혜온 헤헤. 우리 헌법에 대한민국의 주권은 국민에게 있고, 모든 권력은 국민에게서 나온다고 밝히고 있잖아요. 결국, 대한민국의 주인은 저와 같은 국민이라고요. 그런데 제가 대한민국의 주인이라면 대한민국의 정책이나 의사 결정에 대해서 '이래라 저래라' 할 수 있다는 것인데… 사실 그게 잘 와 닿지 않는 거예요. 그래서 이것저것 조사를 좀 해 봤어요.

대의제 민주주의와 민주적 정당성

유 교수　　좋아. 그럼 우리가 평소에 자주 사용하는 '민주주의(民主主義)'란 말의 뜻부터 이야기해 볼까?

혜온　　'민(民)! 국민이, 주(主)! 주인'이라는 뜻이잖아요. 대한민국의 주권은 국민에게 있고, 모든 권력은 국민으로부터 나온다. 헌법 제1조 제2항! 이제 이 정도는 기본이죠. 헤헤~

유 교수　　어원적으로 보면 '민주주의(Democracy)'는 시민(민중, 대중)을 의미하는 Demos와 지배를 의미하는 Kratos의 합성어로 고대 그리스어에서 유래된 말이지. 평범한 다수 시민에 의한 지배를 의미해. 군주에 의한 '1인 지배'나 귀족 등 상류층에 의한 '소수의 지배'에 대비되는 말이지.

혜온　　과거 도시국가였던 아테네에서는 시민권을 가진 남성들이 다수결 원칙에 따라 국가 정책을 직접 결정하는 직접 민주주의를 실시했다던데, 역시 민주주의란 말 자체가 그리스어에서 유래했네요.

유 교수　　그래. 하지만 현재 대부분 국가에서는 국민이 대표자를 뽑아서 대표자가 국가의사를 결정하도록 하는 '대의제(代議制) 민주주의'를 택하고 있어. 국민이 자신을 대신할 대표자들을 뽑고, 이런 대표자들에게 **민주적 정당성**을 부여하는 것이지. 그런데 국민과 그 대표자 간의 관계는 대표자가 국민의 의사에 따라야 하는 **명령적 위임관계**가 아니라 **자유 위임관계**라서, 대표자의 의사가 그를 선출해 준 국민의 의사와 다를 수 있어. 이를 두고 슘페터라는 학자는 "민주주의라고 하는 것은 '인민'이란 용어와 '지배'라는 용어의 어떤 의미에서도 인민이 실제로 지배한다는 것을 의미하는 것도 아니며 또한 의미할 수도 없다. 민주주의는 다만 인민의 지배자가 되고자 하는 사람들을 승인하거나 부인할 기회를 가지고 있음을 의미할 따름이다."[15]라고 말하기도 하였단다.

혜온 흠… 뭔가 살짝 비꼬는 듯한 느낌을 지울 수가 없는 걸요?

유 교수 결국 국민은 오직 자신들의 '**대표자를 선택하는 방식**'으로만 주권을 행사할 수밖에 없다는 점을 꼬집었단다.

혜온 대의제 민주주의의 원리는 대표자에게 민주적 정당성을 부여하는 것에 있고, 민주적 정당성을 부여하는 방법은 바로 '선거'라는 것이죠?

---

15) 슘페터, 『자본주의, 사회주의 그리고 민주주의』(1942), 김비환, 『이것이 민주주의다』(2013), 151면에서 재인용.

투쟁으로 얻어낸 보통선거

유 교수　　그래. 대의제 민주주의에서 투표권은 곧 '주권행사'를 의미하기 때문에 역사상 수많은 사람들이 이러한 '투표권'을 위해 피 흘리며 투쟁해 온 것이란다. 미국에서는 1870년에 수정 헌법 제15조에 의해서 흑인들에게도 투표권이 법적으로 인정되었지만, 여전히 흑인들이 투표하기 위해서는 '투표세'를 내야 한다거나 '문맹검사'를 통과해야 한다는 등의 제한을 두어서 실제로는 흑인들이 투표권을 행사하기가 매우 어려웠어.
그러다 1965년 3월 7일 마틴 루터 킹 목사가 '셀마의 행진'[16]시위를 주도했고 그 영향으로 그 해 실질적인 투표권이 보장될 수 있었지.
또, 남아프리카 공화국에서는 만델라 대통령이 집권해서 흑인 차별 정책을 없애고 민주화를 실시한 1990년이 되어서야 비로소 흑인들에 대한 투표권이 인정되기도 했어.[17]
여성에 대한 참정권은 어떻고. 민주주의의 오랜 역사를 지닌 미국, 영국, 프랑스 등에서도 여성이 투표권을 가지게 된 건 100년이 채 되지 않아.

---

16) 앨라배마 경찰들이 시위대를 무자비하게 진압해서 많은 사상자가 발생했는데 일요일에 벌어진 유혈사태라는 의미인 '피의 일요일' 사건으로 불린다.

17) 위 고성국, 126~127면.

혜온 네, 교수님. 안 그래도 제가 여성들의 참정권을 조사해 보다가 정말 깜짝 놀랐어요. 미국에서는 1920년이 되어서야 여성들에게도 참정권이 인정되었고, 영국에서는 1928년에야 비로소 여성도 남성과 평등하게 21세 이상에게 투표권이 인정되었다고 해요.[18] '자유, 평등, 박애'를 외치며 대혁명을 이루어 낸 프랑스가 1944년에야 여성 참정권을 인정했다니요.
근데 이건 뭔가요? 직접 민주주의 대명사인 스위스에서는 여성들이 1971년에서야 일반 투표권을 가졌다던데요?

유 교수 이거 혜온이가 참정권의 역사에 있어서는 나보다 한 수 위인걸?

혜온 헤헤. 교수님도 별말씀을!

나의 소중한 한 표가 불공평하게 평가될 수 있다?!

유 교수 지금부터는 내가 무서운 얘기를 해 줄 텐데, 준비되었니?

---

18) 1918년에 30세 이상의 여성에게 처음으로 투표권을 인정했는데 당시 남성들의 경우에는 21세 이상이면 투표권이 있었다.

혜온 네! 교수님 시작해 보세요.

유 교수 우리 헌법이 정하는 선거의 4대 원칙을 알고 있지?

혜온 네. 보통,[19] 평등,[20] 직접,[21] 비밀[22] 선거의 원칙이요! 이미 초등학교 때부터 배워서 알고 있는 걸요?

유 교수 좋아, 그런데 **평등선거**가 갖는 정확한 의미를 알고 있니?

혜온 네, 당연하죠. 국민이라면 누구나 동등한 한 표를 행사할 수 있어야 한다는 의미잖아요.

유 교수 맞았어. 평등선거의 원칙은 평등의 원칙이 선거제도에 적용된 것으로 투표의 수적 평등, 즉 모든 선거인에게 '**1인 1표(One man, one vote)**'를 인정하는 의미야. 그뿐만 아니라, 투표가치의 평등, 즉 한 표의 투표가 대표자 선정이라는 선거 결과에 대하여 기여한 정도에서도 평등하여야 한다는 '**1표 1가치**(One

---

19) 모든 국민은 누구나 선거권과 피선거권을 갖는다는 원칙.

20) 누구나 동등한 한 표씩을 행사할 수 있어야 한다는 원칙.

21) 선거결과가 선거권자의 투표에 의하여 직접 결정되어야 한다는 원칙.

22) 선거인의 의사결정이 타인에게 알려지지 않아야 한다는 원칙.

vote, one value)'도 의미하고 있단다.

즉, 여기서 주의할 점은 평등선거의 의미가 19세기 노동자와 여성들의 끊임없는 투쟁의 대가인 '보통선거'와는 또 다르다는 것이야. '보통선거'라고 해서 반드시 '평등한 선거'는 아닐 수 있거든. 예를 들어 영국의 경우 1950년 이전에는 모든 국민에게 투표권을 주는 '보통선거'를 실시하면서도, 동시에 대학 선거구와 기업인에게는 한 표가 아닌 두 표를 행사하게 하는 '복수투표제'를 실시하기도 했거든.[23]

혜온 아~아니! 국민을 선별해서 누구에게는 한 표를 주고, 누구에게는 두 표를 준다니! 도저히 이해할 수 없어요. 국민은 누구나 법 앞에서 평등한 것인데 그건 직업이나 신분 등을 이유로 차별하는 것이잖아요!

유 교수 그런데 우리가 여기서 놓치지 않아야 할 점은, 우리가 복수투표제와 같이 투표의 수적 평등을 해치는 행위에 대해서는 민감하면서도 투표의 성과가치의 평등을 해치는 행위에 대해서는 크게 인식을 하지 못할 수가 있다는 것이야. 혜온이도 대충 국회의원 선거를 어떻게 하는지는 알고 있지?

혜온 네. 지역별로 선거구를 정해서 선거구별로 1명을 뽑

---

23) 김욱, 『그 순간 대한민국이 바뀌었다』, 개마고원, 233쪽 참조.

고, 또 나머지는 비례대표제라고 해서 정당투표를 통해 득표한 수에 비례하여 각 정당 소속 국회의원을 뽑는 거잖아요.

유 교수 잘 알고 있구나. 현재 우리나라는 복수투표제를 허용하지 않고 있단다. 모든 국민이 공평하게 1표를 행사하지. 대의제 민주주의에서 나의 주권을 행사할 수 있는 아주 소중한 한 표인 셈이야. 그런데 같은 한 표라고 하더라도 선거구 간에 인구수가 크게 차이가 난다면 실상 그 표의 가치는 달라질 수밖에 없단다.

혜온 교수님, 잘 이해가 안 돼요.

유 교수 예를 들어 볼까? 현재 우리나라는 선거구당 1명의 대표자를 뽑는 소선거구 방식이란다. 이때 인구가 10만 명인 선거구의 대표자 1명을 뽑는 것과 60만 명인 선거구의 대표자 1명을 뽑는 것에 어떤 차이가 있을까? 10만 명이 있는 선거구의 국민은 60만 명이 있는 선거구에 비해 6배의 투표가치를 가지는 셈이야. 10만 명이 1명을 뽑으면 60만 명은 6명의 대표를 선출해야 하는데 현재 우리나라 선거제도로는 그럴 수가 없는 거지.

혜온 듣고 보니 정말 문제가 있네요. 제가 살던 곳은 전체 시민이 10만 명이었는데, 이러한 10만 명이 뽑는 국회의원과 인구가 60만 명이 넘는 대도시에서 뽑히는 국회의원의 숫자가 같다는 말인 거잖아요. 게다가 이러한 두 명의 국회의원이 국회에서 국가의 중요한 의사결정을 할 때 행사하는 권리도 같다는 것이고요.

유 교수 조금 극단적인 예일 수도 있지만, 10만 명의 지역구에서 5만 명의 득표를 얻고 당선된 국회의원과 60만 명인 지역구에서 15만 명의 득표를 얻고도 당선되지 못한 후보자 중에 누가 더 많은 국민의 의사를 대변한다고 볼 수 있을까? 정말 쉽지 않은 문제이지?

더 평등한 투표가치를 위한 여정

혜온 네, 교수님. 흠… 정말 시정되어야 할 문제인 것 같아요! 분명히 평등선거의 원칙에 어긋나는 것이잖아요.

유 교수 결국 이것이 헌법재판소에서도 문제가 되었단다. 1995년 당시 부산 해운대구와 기장군 선거구는 전남 장흥군 선거구에 비해 인구수가 6배가 넘었고, 서울 강남구 을 선거구 역시 장흥군에 비해 4배가 넘었지. 결국, 이에 불만을 품은 부산 해운대구, 기장군과 서울 강남구 을 선거구의 유권자들이 헌법재판소에 판단을 구했어. 지금의 선거구대로 대표자를 각 1명씩 뽑는 것은 위헌이라면서 말이야.

혜온 오! 역시나 실제로도 문제를 제기한 국민이 있었던 거네요?

유 교수　　그래. 이에 대해 헌법재판소도 많은 고심을 하였단다. 혜온이 말처럼 완전한 투표가치 평등을 위해 선거구별로 인구편차가 발생하지 않도록 할 수도 있겠지만, 우리나라의 경우에는 국회의원이 현실적으로 어느 정도의 지역 대표성도 있다는 점, 그리고 인구의 도시집중으로 인하여 발생한 도시와 농어촌 간의 인구 편차가 심각한 우리나라 현실에서는 단순히 인구비례만 고려하여 선거구를 획정하는 경우에 각 분야에 있어서 도시 농촌 간의 격차가 더 심화할 우려가 있다는 점 등을 고려해야 한다고 이야기했단다.

혜온　　흠… 그럼, 결국 헌법재판소가 판단하기에는, 완전히 인구 편차가 없도록 선거구를 획정하기는 어렵다는 것이네요.

유 교수　　그래서 헌법재판소도 많은 고심 끝에, 외국의 입법례와 판례, 그리고 우리나라의 특수한 사정을 고려하여 점차 그 인구 편차를 줄이는 방향으로 판결을 내리다가,[24] 2014년에 들어

24) 처음 헌법재판소에서 문제가 된 1995년 판결에서는 헌재는 전국선거구 평균인구수를 기준으로 상하 60%(최대선거구와 최소선거구의 인구수 비율이 4:1)의 인구편차를 허용한도로 하여 이를 넘는 선거구는 위헌인 선거구획정에 해당한다고 판단하였다(헌재 1995. 12. 27. 95헌마224 등). 그러다 2001년에는 60% 보다 10%가 감소된 상하 50% 편차(이 경우 상한 인구수와 하한 인구수의 비율은 3 : 1)를 기준으로 하는 방안

인구편차 상하 33.3%를 그 한계 기준으로 설정하였단다.[25]

혜온　　　외국의 판례와 입법추세에 대한 이야기가 나왔는데, 그러면 외국은 어떠한가요?

유 교수　　　그래. 세계 각국에서도 우리나라와 같이 선거구 획정 시 인구 편차를 어느 정도 인정하고는 있단다. 다만 최대한 그 편차를 줄이는 방향으로 진행하고 있어.
평균인구수 기준으로, 미국은 상하 10%(1.22:1), 프랑스는 상하 20%(1.5:1), 일본은 상하 33.3%(2:1), 캐나다는 상하 25%(1.67:1)를 기준으로 하고, 독일은 상하 15%(1.35:1) 이내에서 획정하되 상하 25%(1.67:1) 초과 시에는 다시 선거구를 획정하도록 하고 있단다. 영국은 평균인구수를 기준으로 하고 있어.[26]

혜온　　　우와! 일본은 우리와 비슷하고, 대부분은 우리나라보다 훨씬 더 적은 편차를 유지하고 있네요?

이 채택되었다(2001. 10. 25. 2000헌마92 등 참조). 2001년 판결 당시 헌법재판소는 "현재의 시점에서는 평균인구수 기준 상하 50%의 편차를 기준으로 위헌 여부를 판단하기로 하나 앞으로 상당한 기간이 지난 후에는 인구편차가 상하 $33\frac{1}{3}$% 또는 그 미만의 기준에 따라 위헌 여부를 판단하여야 할 것"이라고 하였고, 이에 맞추어 최근 헌법재판소는 $33\frac{1}{3}$%의 인구편차를 그 한계 기준으로 결정한 것이다. (헌재 2014. 10. 30. 2012헌마192 등 참조)

25) 헌재 2014. 10. 30. 2012헌마192 등 참조.

26) 김선화, ≪이슈와 논점≫ 923호, 국회입법조사처, 2014. 11. 3. 참조.

유 교수　　그래. 우리나라도 국민이 꾸준히 헌법재판소에 문제를 제기하고, 헌법소원을 제기한 덕분에 현재의 33.3%, 즉 2:1의 인구 편차를 기준으로 하는 데까지 이르렀단다.[27]

여기서 잠깐!

전국선거구 평균인구수를 기준으로 상하 50%의 인구 편차를 허용한도로 한다는 것은 어떤 의미일까?

만일 전국선거구의 평균인구수가 10만 명이라고 한다면, 이를 기준으로 인구수가 ±50%, 즉 5만 ~ 15만 명 사이 안에 있으면 이러한 선거구는 허용이 된다는 의미이다.

결국, 위아래로 50%의 편차가 허용되기 때문에, 최대 선거구와 최소 선거구의 인구수 차이는 최대 3:1(15만:5만)이 되는 것이다.

상하편차50%

한편, 같은 방식으로 상하 33.3%의 편차를 계산하면 아래와 같다.

27) 그 결과 현재 국회의원 지역 선거구의 경우 전남 장흥군 선거구는 '고흥군보성군장흥군강진군 선거구' 하나로 통합되었고, 부산 해운대구는 '갑', '을' 두 개 선거구로 변경되었다. (공직선거법 법률 제13722호, 2017. 7. 7. 자 시행 [별표 1] 국회의원지역선거구구역표(지역구: 253) 참조)

전국선거구의 평균인구수가 10만 명이라고 한다면, 상하 33.3%의 경우 선거구의 인구수가 6.67~13.3만 명(앞의 50%와는 달리 정확하게 딱 떨어지지는 않는다) 사이에 있으면 이러한 선거구는 허용이 된다는 의미이다.
즉, 10만 명을 기준으로 각 10만 명의 33.3% 편차(+33.3%, -33.3%)는 허용된다.

결국, 위아래로 33.3%의 편차가 허용되기 때문에, 최대 선거구와 최소 선거구의 인구수 차이는 최대 2:1(13.3만:6.67만)이 되는 것이다.

상하편차 33.3%

혜온 자신의 소중한 한 표를 가볍게 생각하지 않고, 민감하게 반응한 유권자들이 있었네요.

유 교수 하하. 그렇지. 혜온이도 이제 만 19세가 되면 투표 자격이 생기게 된단다. 그런데 여기 자신의 주권에 관심을 가진 청소년들의 이야기가 하나 있어.
예전에는 우리나라 선거법이 선거권 연령을 '선거일 현재 20세 이상'으로 제한했었어. 그런데 선거일 당시 만 20세에 이르지 못해 국회의원 선거에 참여하지 못한 청소년들이 헌법소원을 낸 거야.

그렇지만 헌법재판소는 이러한 선거법이 위헌이 아니라고 했고.[28] 그런데 결과적으로는 그 청소년들의 노력이 헛되지 않았어. 이후 2005년 8월 4일에 선거법 개정을 통해 선거권 연령이 '선거일 현재 19세 이상'으로 낮아졌거든.
아마도 이러한 헌법소원 제기 등을 통해 청소년들 역시 '선거권'에 대해서 무관심하지 않다는 것을 국회의원들도 의식한 것이겠지? 선거연령 하향 조정 덕분에 '청소년들의 의사'도 좀 더 국정에 반영될 수 있는 길이 열렸다고 볼 수 있을 것 같구나.

---

28) 헌재 1997. 6. 26. 96헌마89 참조.

Chapter 3

원자력 에너지의 명암

신의 축복인가 독이 든 성배인가?

에너지 자원이 부족한 A국은 오래전부터 원자력을 이용해온 원전 선진국이다. 지구온난화 문제를 해결하기 위한 국제사회의 온실가스 감축 노력에 따라 A국은 원자력 발전소를 추가로 건설해서 화력 발전을 통한 전기 생산을 줄이면서도 산업발전과 생활수준 향상에 따른 전력 증가를 감당하려는 계획을 하고 있었다. 그러나 A국 원전은 노후되어 가동 중단이 잦아졌고 원전의 안전설비에 불량부품이 쓰인 것이 밝혀졌을 뿐만 아니라 이웃 나라인 B국에서 원전사고가 발생함에 따라 원전 반대 여론이 급증한 상황이다.

생각해보기

1. A국의 원자력 발전 확대 정책은 정당한가?
2. 지구온난화 문제에 대응하면서도 전력 수요를 감당할 방법은 무엇인가?
3. 우리나라가 취해야 할 원전 정책의 방향은?

원자력안전법

제2조의2(원자력안전관리의 기본원칙)
원자력의 연구 · 개발 · 생산 · 이용 등에 따른 안전관리(이하 "원자력안전관리"라 한다)는 다음 각 호의 원칙에 따라 추진하여야 한다.
1. 「원자력안전협약」 등 국제규범에 따른 원칙을 준수할 것
2. 방사선장해로부터 국민안전과 환경을 보호하는 데에 기여할 것
3. 과학기술의 발전수준을 반영하여 안전기준을 설정할 것

일본 후쿠시마 원전 사고, 그리고 고리1호기 폐쇄 결정

유 교수 오늘 토론 주제는 호준이에게 다소 유리해 보이는 걸?

혜온 호준이가 이과생에 원자핵공학과 진학 희망자라 그냥은 상대가 안 될 것 같아서 전공자인 신원 언니의 도움을 받아서 열심히 준비했어요.

호준 이런, 완전 의기양양한데? 그런데 신원이 누나는 원전 반대쪽 주장에 도움을 주다니. 전공의 존재 이유를 부정하는 거야?

혜온 신원 언니는 신재생 에너지를 복수 전공하고 있거든!

유 교수 사실 우리나라는 원전 이용의 역사도 길고[29] 원전의 안전성에 대한 논란도 어제오늘 일이 아니지만, 최근 들어 다시 원전 문제가 주목받고 있어.

호준 그게 다 일본의 **후쿠시마 원전 사고**[30]때문이라고요. 후쿠시마 원전 사고는 **국제 원자력 사고 등급(INES)**[31] 중 최고 등급인 7등급에 해당하는 대형사고였죠. 7등급 사고는 이전에는 러시아의 **체르노빌 원전 사고**[32]밖에 없었어요. 체르노빌 원전 사고 당시 지리적으로 인접한 유럽에서 원전 반대 여론이 급증했던 것과 마찬가지로, 후쿠시마 원전 사고 이후 지리적으로 인접한 우리나라에서 원전 반대 여론이 일어나고 있어요.
게다가 체르노빌 원전 사고는 당시 구소련의 원전 관리가 다른 원전 선진국보다 미흡했다는 변명이라도 가능하지만, 일본은 그간 원전 선진국으로 평가받고 있었잖아요? 그래서 그 충격이 어마어마했죠.

---

29) 1978. 4. 29. 고리 1호기 상업운전 개시.

30) 2011. 3. 11. 도후쿠 대지진과 지진 해일(쓰나미)로 인해 일본 후쿠시마 원자력 발전소에서 발생한 방사능 누출 사고.

31) 국제원자력기구(IAEA)에서 책정한 원자력시설에서 일어난 사고에 대한 평가 척도로 0등급(Below Scale), 1등급(Anomaly), 2등급(Incident), 3등급(Serious Incident), 4등급(Accident with Local Consequences), 5등급(Accident with Wider Consequences), 6등급(Serious Accident), 7등급(Major Accident)로 이루어져 있다.

32) 1986. 4. 26. 소비에트연방(현 우크라이나) 체르노빌 원자력 발전소에서 발생한 방사능 누출 사고.

혜온 그런 분위기에서 우리나라에서도 고장·사고 등으로 인한 원전 가동 중단 사태가 벌어졌고 원전 부속 납품 비리 사건[33]이 터지자 원전 안전에 대한 불신이 극에 달하게 된 거예요. 결국, 우리나라 최초의 상업 원전인 고리 1호기를 폐쇄하는 것으로 결론이 났잖아요.[34]

유 교수 고리 1호기 폐쇄 결정은 우리나라 최초의 원전 폐쇄 결정이라는 점에서 원전폐지론자들에게는 분명 힘이 되는 일이겠지. 그렇지만 고리 1호기는 1978년 4월에 운전이 시작되어 이미 설계수명인 30년을 넘겼어. 설비가 노후화되면서 그간 고장이 잦았기 때문에 폐쇄가 불가피했다고 볼 수 있고, 원전의 필요성에 대한 인식이 변화된 결과라고 보기는 어려운 것 같아.
그럼 원전 논란의 발단에 대한 이야기는 이 정도만 하고 토론을 시작해 보자. 일단 일반적인 찬반 의견부터 들어보고 싶은데, 찬성과 반대 중에 누가 먼저 해 볼까?

---

33) 품질기준에 미달하는 부품의 시험 성적서를 위조하여 원자력 발전소에 납품해 온 사건.
34) 2015. 6. 16. 한국수력원자력 이사회에서 2017년까지 고리 1호기를 폐쇄하기로 결정하였고, 이에 따라 정부는 2017년 6월 19일 고리 1호기를 영구정지 하였다.

원자력 발전에 대한 당신의 생각은? 찬성 vs 반대?

혜온　　　원전 반대 의견부터 시작해 볼게요. 원전 반대의 기본적인 근거는 '방사능의 위험성'에 있어요. 아시다시피 방사능은 한 번 누출되면 피해가 거의 영구적이며 인체에 치명적인 결과를 가져오는데요. 이를 막기 위한 다양한 안전장치가 이미 존재한다고 하지만, 이번 후쿠시마 원전 사고에서 볼 수 있듯이 그 안전성은 충분히 검증되지 않았어요. 더욱이 추가적인 안전장치가 얼마나 더 필요할지도 알 수 없죠.

결국, 추가적 안전장치에 드는 비용과 원전 사고가 발생할 경우 드는 천문학적인 비용은 정확한 추정이 불가능하고, 이를 고려하면 원전 찬성론자들이 주장하는 **원자력 발전의 경제성**[35]은 다시 생각해 보아야 할 문제예요.

호준　　　제 의견은 좀 달라요. 화석 에너지[36]로 인한 **대기오염과 지구온난화** 문제는 현대의 인류가 안고 있는 심각한 위험이에요. 하지만 동시에 **계속 증가하는 에너지 수요**를 감당해야만 하죠. 화석에너지를 통해서는 이러한 요구를 모두 해결할 수 없어요.

---

35) 원자력 54.96원/kWh, 유연탄 65.79원/kWh, 수력 168.66원/kWh 등(한국수력원자력, 2014년 기준).

36) 화석(化石)연료인 석탄이나 석유 등을 연료로 사용하여 만들어진 에너지를 말한다. 화석연료를 사용하면 이산화탄소가 많이 배출되는데 이산화탄소는 온실효과를 일으키는 대표적인 온실기체이다.

이런 상황 때문에 핵융합 에너지가 미래에 고효율의 안전한 청정 에너지원이 될 것으로 기대하지만 현실적으로 핵융합 기술의 실현은 아직 먼 것이 사실이에요. 따라서 현재로서 이를 해결할 유일한 해법은 핵분열 방식을 이용한 원자력 발전밖에 없어요.[37] 방사능 누출로 인한 피해가 영구적이고 심각하다고는 하나, 이는 충분히 통제 가능한 위험이며 지구온난화로 인한 피해는 이보다 훨씬 더 통제가 어렵고 심각한 결과를 가져온다고 봐요.

유 교수 원전 찬성 측에서는 원전의 안전성에 대한 비판을 반박할 필요가 있고, 원전 반대 측에서는 전력 수요 문제와 대기오염과 지구온난화 문제에 대한 대안을 제시해야겠구나.

원전은 과연 안전한가?

유 교수 그럼 원자력 발전소의 안전성에 관해서 이야기해 볼까?

혜온 원전이 안전하다면 쓰리마일 아일랜드, 체르노빌,

---

37) 원자력 에너지를 얻는 방법은 크게 핵융합과 핵분열 반응이 있는데 현재 원자력 발전은 모두 우라늄이나 플루토늄을 이용한 핵분열 방법으로 에너지를 얻고 있다. 반대로 핵융합은 수소처럼 가벼운 원소를 융합시켜 다른 원소로 만드는 과정에서 에너지를 얻는데 방사성이 매우 적어 안전하다.

후쿠시마 같은 원전 사고가 왜 일어났겠어요? 그런데도 우리나라는 원전 부품 납품 비리에, 수명이 다한 원전을 연장 가동하려고 하는 등 문제의 심각성을 인식하지 못하고 있죠.

호준 쓰리마일 아일랜드에서 원전 사고가 일어난 것은 1970년대예요. 그 당시와 비교하면 현재의 원전 안전 기술은 획기적으로 진보했기 때문에 단순한 비교는 무의미해요. 미국은 쓰리마일 아일랜드 원전 사고 이후, 최근까지 원전을 추가 건설하지 않고도 기존 원전들의 수명을 연장하며 안전하게 운영하는 데 성공했어요. 더불어 기술 발전에 힘입어서 발전 효율도 향상할 수 있었죠.

혜온 미국은 그렇다고 해도, 체르노빌이나 후쿠시마 원전 사고의 경우는 어떻게 설명할 수 있을까요?

호준 체르노빌 원전 사고의 경우에는 구소련의 원전 안전 관리가 원전 선진국에 미치지 못했기 때문이라고 할 수 있어요. 저 역시 원전을 안전하게 관리할 능력이 없는 국가의 원전 건설에는 반대해요. 마찬가지로, 후쿠시마 원전 사고의 경우 쓰나미로 인해서 외부로부터 공격을 당한 것이나 마찬가지이기 때문에 일반적인 원전 안전 문제라고는 볼 수 없고요.

혜온 이제까지 이런 사고의 발생을 예상하지 못했다는 것이 더 큰 문제 아닐까요? 아직 우리가 상상하지 못하는 원전의 안전 취약점이 훨씬 많을지도 몰라요.
그리고, 원전 운영의 안전보다 사실 제가 걱정하는 것은 방사능 폐기물의 관리 문제예요. 인류의 기록된 역사가 만년에 미치지 못하는데, 만년 이상 안전하게 관리해야 할 폐기물을 발생시킨다는 것은 너무 무책임한 일이 아닐까요?

호준 아마 화석연료를 처음 사용한 사람들도 대기오염이나 지구온난화 같은 문제를 상상하지 못했을 거예요. 그들이 오늘날의 이 같은 문제까지 생각해서 화석연료를 사용하지 말았어야 했을까요? 저는 오늘날 최신의 과학적 지식을 기초로 최선의 대비를 하면 된다고 생각합니다.
방사능 폐기물의 문제 역시, 폐연료의 경우 재처리를 통해서 플루토늄을 핵연료로 재사용하면 폐기물량을 줄일 수 있어요. 또, 지금 기술 수준으로는 방사능 폐기장에 보관하는 방법뿐이지만 아마 미래에는 방사능 폐기물을 먼 우주 공간에 안전하게 처리할 수 있게 되지 않을까요?[38]

유 교수 자자, 설전은 잘 들었어. 그런데 호준이도 아까 핵

---

38) 실제 미국 NASA에서 방사능 폐기물을 우주공간에 날려 보내는 프로젝트를 검토했으나 경제성이 없다고 판단되어 중단되었다. 우주 공간은 방사선 밀도가 매우 높아서 그곳으로 방사능 폐기물을 날려 보내더라도 문제가 되지 않는다고 한다.

융합 발전의 실현이 멀었기 때문에 원자력 발전을 사용한다는 취지의 말을 했잖아. 원자력 발전이 다른 발전 방식보다 위험한 것은 사실이니까 대기오염과 지구온난화 문제를 일으키지 않는 대안이 있는지부터 토론해 보도록 하자.

대기오염과 지구온난화를 해결할 대체 에너지는?

호준 우리나라의 경우 현재 전력 생산량의 많은 부분은 화력 발전을 통해서 충당하고 있어요. 그러나 화력 발전은 대표적인 온실가스인 이산화탄소와 대표적인 대기오염 물질인 질소산화물을 발생시키죠. 특히, 이산화탄소를 억제하지 못한다면 지구온난화는 더욱 심해져 방사능 누출보다도 인류를 멸망시킬 가능성이 높다고 할 수 있죠.
반면, 원자력은 이산화탄소와 질소산화물을 발생시키지 않는다는 점에서는 청정에너지라고 할 수 있어요. 지구 온난화의 위험에 대처하려면 화석 에너지에 대한 의존을 줄이고 원자력 에너지의 사용 비중을 높여야 해요.

혜온 원자력이 청정에너지라니 아주 해학적인 표현이네요? 이산화탄소나 질소산화물을 배출하지 않는 에너지원이 원자력만 있는 것은 아닙니다. 신재생 에너지 중에도 그런 조건을 충족하는 것이 많아요.

유 교수 그런데 우리가 신재생 에너지란 용어를 자주 듣기는 하지만 정확하게 어떤 것들이 있는지는 잘 모르는 사람들이 많아. 혜온이가 좀 설명해 줄 수 있겠니?

혜온 그래서 제가 전공자에게 물어봤죠! '신에너지'는 기존에 쓰지 않던 새로운 에너지라는 뜻이고, '재생에너지'는 자연 상태로부터 얻기 때문에 반복적으로 다시 사용할 수 있는 에너지라고 해요. 신에너지로는 수소에너지나 석탄 액화가스에너지[39]를 들 수 있고, 재생에너지로는 태양, 수력, 풍력, 지열, 바이오매스(Biomass)[40], 폐기물 에너지 등을 들 수 있어요.
여기서 수력, 풍력, 바이오매스 같은 에너지는 결국 태양 에너지에서 발생하는 자연력을 이용하는 것이라고 할 수 있어요.

호준 태양 에너지가 근원이라면 단위 면적당 얻을 수 있는 에너지양, 즉 에너지 밀도가 낮아서 충분한 에너지를 얻는 것이 어려워요. 특히나 전력 수요가 폭발적으로 증가하고 있는 이 시대에 원자력을 포기하고 신재생 에너지로 전력 수요를 충당할 수 있을까요?

---

39) 석탄을 가스화시키거나 액체화시켜 만든 연료로 생산하는 에너지로 석탄에 비해 대기오염 물질인 질소산화물과 황산화물을 90% 이상 줄일 수 있다.

40) 화학적 에너지로 사용 가능한 식물, 동물, 미생물 등의 생물체를 의미하며, 곡물, 폐목재, 식물 줄기, 해조류, 동물의 분뇨 등을 열분해 또는 발효 과정을 거쳐 바이오에너지로 채취할 수 있다.

대체에너지로 필요한 전력을 충분히 공급할 수 있는가?

혜온 물론, 사람들이 자꾸 원자력 발전에 기대려고 하는 이유 중 하나가 현재 전력 수요가 폭발적으로 증가하고 있기 때문인 것이 사실이에요. 화석연료는 매장량이나 공급량에 한계가 있어서 지구온난화 문제가 아니더라도 증가하는 전력량을 모두 소화할 수 없으니까요. 그러나, 전력 수요의 증가를 억제할 수만 있다면 원자력 발전을 고집할 필요는 없어요. 일단 기존의 수요는 신재생 에너지로 점차 완전히 대체하는 것이 가능하거든요.
한국에서 원자력 발전은 총 전력 생산량의 약 29.1%[41]를 차지하고 있어요. 신재생 에너지는 4.9%에 불과하고요. 이 정도 발전량은 점진적인 대체가 가능해요. 총 전력 생산량이 우리나라보다 많은 독일은 원자력 발전 비율이 16%, 신재생 에너지가 24%[42]인데, 원전을 포기하고 신재생 에너지 비율을 45%까지 점진적으로 높이는 것을 목표로 하고 있다고 해요.

호준 하지만 이러한 점진적 대체를 위해서는 폭발적으로 증가하는 전력수요를 억제하는 것이 가능해야 하는데, 우리나라에서 전력 수요는 꾸준히 증가해 왔지 감소한 역사가 없어요. 수요

41) 한국전력 전력통계속보(2017.1.~5.): 원자력 29.1%, 석탄 42.4%, 가스 20.1%, 유류 2.4%, 수력 1.2%, 신재생 4.9%.

42) U.S. Energy Information Adminstration, 2012.

증가를 억제하려면 전기료를 지금보다 대폭 인상해야 하는데 국민들에게 이런 고통을 감내하도록 강요하는 것이 바람직할까요? 실제로 독일은 우리나라보다 전기료가 몇 배 비싸다고 하잖아요.

혜온 제 생각은 좀 달라요. 우리나라의 전체 전력 사용량에서 가정용 전기가 차지하는 비율은 13%에 지나지 않아요. 그런데 전기료의 누진세는 가정용 전기에만 부과되고 있어요. 일반용과 산업용 전기는 누진세 걱정 없이 싼 가격에 펑펑 쓸 수 있어서 건물의 전기난방이 급증하고, 산업용 장비의 에너지원도 전기로의 쏠림 현상이 심한 상황이에요. 정책이 전기 수요 증가를 부채질한 것이죠. 일반용과 산업용 전기료에 대한 정책을 바꾼다면 전력 수요는 억제될 수 있을 거예요.

유 교수 의견대립이 정말 첨예한 걸? 그럼 이번에는 좀 시선을 넓혀서 다른 나라들은 원전에 대해서 어떤 태도를 취하고 있는지 이야기해 볼까?

외국의 원자력 발전 정책

호준 미국은 쓰리마일 아일랜드 원전 사고 이후 신규 원전 건설을 허가하지 않다가 최근 다시 신규 원전 건설을 허가했어요. 그간 안전하고도 효율적인 원전 운영에서 자신감을 회복했고,

온실가스 배출량을 줄이라는 국제사회의 압력에 대응하는 한편 수소 경제체제로 전환하기 위한 방안이죠.
프랑스는 대표적인 원자력 발전 국가로 원전 발전 비율이 80%에 달해요. 특히 화석연료 자원이 부족한 프랑스는 원전이 프랑스의 에너지 주권을 지키고 산업 경쟁력을 유지해 주는 중요한 기술이라고 인식하고 있어요. 정치인들도 공공연하게 원자력 발전을 지속하겠다는 입장이고요. 화석연료 자원이 없는 우리나라에도 시사하는 바가 있다고 생각해요.

혜온 후쿠시마 원전 사고 이후 독일은 2022년까지 원자력 발전소를 완전히 폐지하기로 했어요. 독일 정부는 신재생 에너지에 대해서 보조금을 지급해 정책적으로 육성한 까닭에 다른 나라보다 신재생 에너지 발전 비율이 높았고, 에너지 절감에 대한 시민들의 협조도 잘 이루어지고 있어요. 독일의 환경수도라고 불리는 프라이부르크의 사례는 유명하지요.
일본은 후쿠시마 사고 직후 민주당 정부에 의해 원전 포기 정책을 시행했지만, 최근 자민당 정부가 결국 원전 재가동을 결정했어요. 그간 LNG 발전과 적극적인 절전유도를 통해서 부족한 전기를 충당했지만, 재정적자와 낮은 신재생 에너지 사용 비율 때문에 어려움이 있었던 거죠.

유 교수 후쿠시마 사태는 비단 일본뿐만 아니라 여러 나라에 영향을 미쳤구나. 우리나라에서도 후쿠시마 원전 사고 이후에 원자력안전위원회란 조직이 생겼다는 것을 알고 있니?

혜온 국제원자력기구(IAEA)에서는 우리나라에 원자력 진흥 업무를 하는 기관과 원자력 감시 업무를 하는 기관을 분리하도록 권고해 왔어요. 그런데 오랫동안 실행되지 않다가 후쿠시마 원전 사고가 발생하면서 원자력 감시 업무를 하는 기관을 분리·설치하게 됐죠. 그게 바로 원자력안전위원회고요.

유 교수 오늘 우리가 이렇게 찬반으로 의견을 나눠서 열심히 토론을 해보았는데, 마지막으로 서로 최소한 이것만큼은 좀 노력해 주었으면 싶은 것은 없었니?

서로에게 당부하고 싶은 조언 하나

호준 저는 사실 원전 반대 의견도 일리가 있다고 생각해요. 하지만 너무 많은 사람들이 막연한 공포로 인해 원전을 반대하고 있다는 인상을 받았어요. 기술의 진보와 안전의 향상에는 철저하게 눈을 감고, '원자력은 악'이라는 확신 앞에서 꿈쩍도 하지 않는 것이죠. 물론 어떤 의도가 작용하는 것도 있겠지만 덮어 놓고 원자력 발전에 유리한 데이터는 모두 조작이라는 식으로 몰고 가는 것은 현명하지 못해요.

유 교수 그런 것을 **독단적 회의주의**(Dogmatic skepticism)라고 부른단다. 반드시 경계해야 할 잘못이지. 그럼 원전 반대론자의 입장에서 아쉬운 점은 뭐가 있을까?

혜온 저는 원자력 전문가들이 원자력의 필요성을 피력하는 데만 열과 성을 다하지 말고, 우리가 정말 이만한 위험을 통제할 능력이 있는지, 없다면 그 능력을 갖추기 위해서는 무엇이 어떻게 바뀔 필요가 있는지 좀 냉정하게 연구해 주면 좋겠다는 생각이 들어요. 위험은 우리 피부에 닿을 정도로 심각한데 우리나라의 원전은 안전하다는 소리만 앵무새처럼 반복하면 누가 믿어 주나요? 불안을 없애 주는 건 안전하다는 말이 아니라, 안전을 담보할 수 있는 제도와 의식이라고 생각해요.

유 교수 확실히 과거에 했던 선택이 우리가 미래에 할 선택의 방향을 결정해버리고, 다른 선택의 여지까지 없앨 수 있단다. 거기에 시간과 노력, 자본과 이해관계가 맞물리면 더욱더 견고해지는 것이 사실이고 말이야.
좋아, 오늘의 토론은 여기까지. 다들 정말 수고가 많았어.

Chapter 4

보호무역 vs. 자유무역

글로벌 경제에 대처하는 우리의 자세

- 2007년 4월 2일. 한미자유무역협정(FTA) 협상 개시 14개월 만에 협상 타결. 양국은 공산품과 임산물, 수산물 등 상품 시장에서 단계적으로 모든 품목의 관세를 없애기로 합의.
- 14개월 간의 협상과정 동안, 협상 반대를 주장하는 시민사회단체가 모여 한미FTA저지범국민운동본부를 결성.
- 2011년 11월 22일에 한미 FTA 비준안이 대한민국 국회 본회의 통과.
- 한미 FTA 협상 타결에 따른 축산 농가의 반발 확산.

생각해보기

1. 국제화 시대에 보호무역은 필요한 것인가?
2. 다른 나라와 FTA를 체결하고자 하는 이유는 무엇인가?
3. 보호무역과 자유무역 정책에 따른 현실적인 문제점은 무엇인가?
4. 자유무역주의는 선진국을 위한 것인가?
5. 자유무역과 보호무역은 양립할 수 있는가?

헌법

제119조 제2항

국가는 균형 있는 국민경제의 성장 및 안정과 적정한 소득의 분배를 유지하고, 시장의 지배와 경제력의 남용을 방지하며, 경제주체 간의 조화를 통한 경제의 민주화를 위하여 경제에 관한 규제와 조정을 할 수 있다.

제125조

국가는 대외무역을 육성하며, 이를 규제 · 조정할 수 있다.

FTA(Free Trade Agreement)

유 교수　　오늘은 좀 어려운 주제가 될 것 같은데, 그래도 보호무역과 자유무역에 관해서 요즘 논란이 많이 되고 있고 중요한 문제니까 잘 알아두면 좋을 것 같아.
한동안 나라마다 무역을 자유롭게 하려고 서로 자유무역협정(Free Trade Agreement, FTA)을 체결하는 것이 유행처럼 번졌는데, 미국 발 금융위기 이후에 세계 경기가 쉽게 회복되지 못하면서 나라마다 자국의 산업을 보호하기 위한 보호무역 정책이 쏟아지고 교역이 축소되고 있다고 해.

호준　　뉴스를 보면, 미국의 트럼프 행정부가 한미 FTA에 문제가 많다고 하면서 우리나라에도 계속 재협상을 요구하잖아요.

그것도 다 보호무역과 관계가 있는 거죠?

유 교수 그래. 미국의 트럼프 행정부는 그동안 자국 기업들을 보호하겠다는 명분으로 보호무역주의를 강화하겠다는 뜻을 많이 내비쳤어. 기존에 FTA를 체결한 나라들과는 재협상을 추진하고, 그렇지 않은 나라들에 대해서는 반덤핑 관세[43]를 부과하거나 환율조작국[44]으로 지정하는 등의 조치를 통해 제재하고 있지.

예린 우리나라는 지금까지 어느 나라랑 FTA를 체결했나요?

유 교수 우리나라가 가장 먼저 체결한 FTA는 2004년 한-칠레 FTA야. 그래서 언제부터인가 우리나라에 칠레산 와인, 닭고기, 해산물 등이 많이 보이잖아. 이후 싱가포르, 유럽자유무역연합(EFTA), 동남아시아국가연합(ASEAN), 유럽연합(EU), 페루, 미국, 터키, 호주, 캐나다, 중국, 뉴질랜드, 베트남, 콜롬비아 등 52개국과 FTA를 체결했지.[45]
우리나라는 대외경제 규모가 국내총생산에서 80% 이상을 차지하는 무역의존도가 매우 높은 나라니까 가능하면 시장을 넓혀서 더

---

43) 수출국 기업이 제품을 부당하게 낮은 가격으로 수출하여 수입국의 산업에 피해를 주었을 때, 정상적인 가격과의 차액에 대하여 수입국이 부과하는 관세.

44) 자국의 수출을 늘리고 자국 제품의 가격경쟁력을 높이기 위해서 정부가 외환시장에 개입해 환율을 조작하는 국가를 말한다.

45) 출처: www.fta.go.kr/main/situation/kfta/psum

많은 무역을 하려고 노력하는 건 당연하겠지?

혜온 그런데 한미 FTA 할 때 우리나라에서 많은 사람이 반대했잖아요. FTA가 체결되면 수출을 많이 하는 기업은 좋겠지만, 미국의 값싼 쌀이나, 소고기 등이 들어오면 안 그래도 어려운 우리나라 농어민들은 더 피해만 볼 테니까요.

유 교수 FTA를 체결할 때 가장 문제가 되는 부분이 그 점이야. 농축수산업과 같이 상대적으로 피해가 크고 보호해야 할 중요한 산업에 대해서는 시간을 두고 경쟁력을 확보할 수 있도록 협정 내용에 가능하면 충분한 보호장치를 두어야 하고. 물론 정부도 자체적으로 피해지원 대책을 세워 보호해야지.
2012년 3월 15일에 발효된 한미 FTA에서 쌀은 아예 협상 대상에서 제외했고, 관세를 완전히 철폐하면 심각한 영향이 우려되는 15개 품목은 관세를 그대로 유지하는 것으로 했어. 소고기는 연령제한을 두어 30개월 미만의 소고기에 대해서만 수입하는 것으로 하면서 40%의 관세를 15년간 단계적으로 철폐하는 것으로 했고(돼지고기는 25%의 관세를 10년에 걸쳐 철폐).
이제 FTA 이야기는 그만하고 보호무역에 관해서 알아볼까? 먼저 구체적으로 보호무역 정책들은 어떤 것들이 있지?

보호무역주의 정책

예린　외국 물품이나 서비스에 대한 수입 금지나 보호관세 부과, 국내 유치산업(幼稚産業)[46]에 대한 보조금 지원 등의 방법이 있어요.

유 교수　그럼, 보호관세를 부과하거나 보조금을 지원하면 어떤 효과가 있을까?

호준　외국에서 수입되는 물건에 보호관세를 부과하면 수입하는 물건의 가격이 올라가니까, 국내에서 생산된 제품이 가격면에서 더 유리해져요. 같은 품질이라면 소비자들은 더 싼 제품을 찾으니까요.

예린　보호관세가 외국 기업에 부담을 주는 정책이라면, 보조금 지원은 국내기업에 세금 혜택을 주거나 보조금을 지급해서 국내기업에 힘을 실어 주는 정책이에요. 혜택을 받은 국내 기업은 그만큼 제품의 가격을 내려서 팔 수 있게 되니까 가격경쟁력 측면에서 외국 제품에 비해 유리해지는 거죠.

46) 잠재력은 있으나 아직 국제경쟁력을 갖추지 못한 미발달된 산업을 말한다.

호준 수입상품의 수입량이나 수입금액에 한도를 부여하는 **수입할당제**도 있어요. 수입 자체를 제한하는 조치이기 때문에 가장 직접적이고 효과적인 방법의 하나라고 하더라고요.

유 교수 다들 잘 이해하고 있는 것 같구나. 그런데 보호무역은 국가가 정책적으로 개입해서 국내 산업을 보호하기 때문에 자유로운 시장질서를 왜곡하는 것이라고 비판을 받기도 하잖아. 거기에 대해서는 어떻게 생각하지?

혜온 저는 좀 이해가 안 돼요. 국가가 자기 나라의 기업이나 산업을 보호하고 육성하는 게 뭐가 나쁘죠? 마치 보호무역은 나쁜 것이고 자유무역이 정의로운 것처럼 주장하는 것에는 쉽게 동의할 수가 없어요.

예린 시장에서 자유로운 경쟁과 합리적인 선택을 통해 가격이 결정되도록 하는 것이 가장 나은 방법이기 때문이야. 이런 자유시장 경제체제가 무역에 반영된 것이 자유무역주의이고. 그래서 세계은행이나 OECD, IMF, WTO 같은 국제기구들이 자유무역에 입각한 국제질서를 유지하기 위해 노력하고 있는 거지.

혜온 그래. 우리 모두 학교에서 애덤 스미스의 **보이지 않는 손**은 배웠지. 하지만 예린이 네가 말하는 것 같이 자유무역주의가 올바른 것이라면, 왜 많은 나라가 여전히 보호무역 정책들을 사용하고 있는 거지?

유 교수 이제 슬슬 토론이 시작되려나 보네. 그럼 혜온이가 먼저 보호무역주의 정책의 필요성이나 장점에 관해 이야기해 보고 예린이가 이에 대한 반론을 제기해 보는 것이 어떨까?

보호무역, 산업 육성을 위한 최고의 선택인가

혜온 우리나라의 농업처럼 경쟁력은 약하지만 보호해야 할 필요성이 있는 산업이나 새로운 산업을 육성하기 위해서는 경쟁력을 갖출 때까지 도움을 줘야 할 필요가 있어요. 다시 말해서 잠재력은 있지만 아직 국제적인 경쟁력이 부족한 국내산업을 육성하기 위해서는 보조금을 지급하거나, 외국의 경쟁자에게 관세를 부과하거나, 수입을 제한함으로써 국내 유치산업들이 성장할 기회를 줘야 하는 거죠.

호준 어른과 아이가 싸우면 어린아이가 지는 것은 당연하니까 어른과 싸울 수 있을 정도로 자랄 때까지 보호해야 한다는 거지? 다윗과 골리앗의 싸움에서는 다윗이 이기긴 했지만 말이야.

예린 단기적으로 보면 혜온이 네 말처럼 보호무역 조치가 국내 산업에 도움이 될 수도 있을 거야. 하지만, 장기적으로는 국가의 지원을 받고 성장한 산업은 살아남기 위해서 제품 개발이나 혁신의 노력을 기울일 필요가 별로 없어서 경쟁력을 상실하게 될 수 있어. 그런 점에서 봤을 때, 짧은 시간의 성과만으로 판단해서는 안 된다고 생각해.

호준 그 말도 일리가 있네. 마치 온실 속에서 자란 화초처럼 될 수 있으니까 말이지?

예린 그래. 그래서 자유무역주의자들은 기업이든 산업이든 가능한 한 경쟁에 많이 노출해서 생존을 위한 경쟁력을 강화해야 할 필요가 있다고 하는 거야.

호준 어미 사자가 새끼 사자들을 절벽에서 떨어뜨리는 것과 같은 거로군.

혜온 호준이 너는 도대체 누구 편이야? 이 말도 맞고 저 말도 맞고!

호준 흥분하지 말라고. 오늘 나는 철저히 중립이야. 나한테 화를 내지 말고 이제 보호무역의 필요성에 관해서나 이야기를 해 보라고.

산업의 보호와 기업 경쟁력의 관계

혜온 보호무역 조치를 통해서 국내기업의 경쟁력을 강화하고 산업을 육성하면 해당 산업에서 일자리가 창출되는 긍정적인 효과를 가져올 수 있어.

예린 그래. 나 역시 보호무역을 통해 단기적으로 산업이 활성화되면 일자리도 늘어난다는 점을 인정해. 다만, 장기적으로 경쟁력을 상실하게 되어 기업이나 산업이 쇠퇴의 길을 걷게 되면 그 일자리는 계속 유지될 수가 없다고 봐.

혜온 국내산업을 더 육성하고 지원해서 우리나라에서 기업을 할 수 있도록 한다면, 국내 고용이 계속 늘어날 수 있는 것 아닐까?

예린 하지만 그런 국내산업 육성은 자유무역을 통한 경쟁력 강화로 이루어져야 해. 보호무역을 통해 고용을 창출한다면 그 효과가 단기적일 수밖에 없어.

혜온 예린이 네 주장의 모든 가정은 보호무역이 기업의 경쟁력을 약화한다는 것인데, 정부의 지원이 항상 그런 결과를 가져오진 않을 것 같은데? 정부가 지원하는 이유도 경쟁력 강화를 위한 것이니까.

예린 물론 아닌 기업도 있겠지. 문제는 시장에서 진작 도태되어야 할 경쟁력 없는 기업을 정부가 계속 보호하기만 해서 도태되지 못하게 하는 것에 있어. 문제를 계속 키우기만 하는 거지. 일례로, 우리나라가 IMF 구제금융을 받기 전까지는 우리나라 사람들 누구도 설마 은행이 망하리라고 생각하지는 못했잖아. 그동안 정부의 많은 지원을 받았던 은행들이 방만한 경영으로 부실해졌는데도 몸집은 계속 커졌고 부실도 같이 커졌지. 그 결과 경제위기를 극복하지 못하고 많은 은행원이 결국은 직장을 잃고 말았잖아. 마찬가지로 시장에서 자생할 수 있는 능력을 갖추지 못하고 정부나 은행의 지원으로 회사를 유지해 나가는 **좀비 기업**들이 시장 경제의 건전성을 해치는 사회 문제로 지적되고 있어.

혜온 그렇지만 많은 사람이 자유무역의 근본적인 가설에 의문을 제기하고 있다는 점을 지적하고 싶어. 다시 말해서, 개입 없는 자유로운 시장이 합리적인 가격 결정을 한다고 하지만, 실제로 시장 참여자들은 항상 합리적인 결정을 하지는 않는다는 것이지. 정부가 전혀 시장에 개입하지 않을 수도 없고 말이야.

자유무역과 보호무역, 선진국과 개발도상국의 대결

유 교수 그럼 이번에는 다른 관점에서 한 번 이야기해 보자. 보호무역은 외국과의 경쟁에 취약한 국내 산업을 보호하고 육성하기 위해서 지원하는 정책이지? 그렇다면, 이런 정책은 선진국과 개발도상국 중에 누구에게 더 필요할까?

혜온 물론 개발도상국이 산업적 기반도 취약하고 경제 규모나 수준 면에서 하위에 있을 테니 보호가 더 필요하겠죠. 선진국 입장에서는 경쟁력이 충분하니까 자유무역을 통해서 개발도상국의 시장이 보호 없이 개방되면 훨씬 유리할 거예요. IMF나 WTO 같은 국제기구들이 자유무역체제를 옹호하는 이유도 사실상 선진국들이 이러한 국제기구에 상당한 지배력을 행사하고 있기 때문이 아닌가 하는 의심도 들어요.

유 교수 그럼 이런 주장은 어떻게 생각하니? 애덤 스미스의 뒤를 이은 데이비드 리카도의 **비교우위이론**인데, 그는 "A국이 B국에 비해서 모든 상품에 있어 가격 우위를 가지고 있지 못하더라도 가격 열위의 정도가 가장 적은 상품의 생산에 집중하고, 모든 상품에 가격 우위를 가진 B국은 가장 큰 이익을 가져다줄 수 있는 상품의 생산에만 집중한다면 모든 나라가 무역을 통해 이익을 얻을 수 있다"고 설명하고 있거든.

혜온 그건 너무 현실적이지 않은데요? 모든 나라가 비교적 가장 경쟁력 있는 한 가지 상품만 생산할 수는 없잖아요. 전제가 잘못된 거죠. 또 비교 열위에 있는 나라가 기술이나 산업 발전을 통해 경제를 발전시키고자 할 때는 새로운 기술 습득의 기간 동안 경쟁자로부터 보호를 받을 필요가 있는데 이런 것은 고려되고 있지 않아요. 이런 측면에서 보면, 비교우위이론은 개발도상국을 위한 이론이 아니라, 현재의 비교 우위 상태를 그대로 유지하면서 개발도상국에는 비교 열위의 상품 중 그나마 제일 나은 것에만 집중하도록 강요하는 선진국들을 위한 이론에 불과한 것 같아요.

호준 모든 나라의 이익을 위한 것이 아닌 선진국만을 위한 자유무역주의라는 건가?

혜온 그렇지. 앞에서도 잠깐 언급했지만 지금 자유무역주의를 옹호하는 영국과 미국, 일본, 독일을 포함한 많은 선진국은 이미 강력한 보호무역정책을 통해 산업 발전을 이루었어. 그 후에는 이런 경제력을 기반으로 다른 나라들과의 경쟁에서 우위를 차지하기 위해 자유무역주의의 범세계적인 적용을 요구하고 있다는 거야. 권투에서 헤비급 복서와 경량급 복서의 싸움이라고나 할까?

유 교수 경제학자 프리드리히 리스트는 그런 선진국들의 행태를 사다리 걷어차기라고 불렀지.

예린 시장변화에 따른 합리적인 선택을 너무 부정적으로 해석하고 있는 거 아닐까? 우리나라의 경우만 해도 혜온이 네 말대로 1960년대 이후 수십 년간의 보호무역정책으로 경제성장을 이루었지만, 지금은 자유무역주의를 표방하며 다수의 자유무역협정을 체결하고 있잖아? 나는 오늘날 자유무역이 중시되는 것이 사다리 걷어차기라기보단 국가 간의 교류가 증가하여 무역이 예전보다 중요해진 결과라고 생각해.

혜온 그래. 예린이 네 말대로 자유무역은 이미 경제성장을 이루고 지속적인 경제성장을 바라는 선진국 간에는 공정하고 효율적일 수 있어. 감사하게도 우리나라는 상당한 경제발전을 이룬 나라 중의 하나고. 하지만, 이런 자유무역주의 시스템 속에서 선진국과 개발도상국 간의 경쟁이 이루어진다면 개발도상국의 산업이 무너지는 결과를 가져온다는 점을 간과해서는 안 된다고 생각해.

동전의 양면과 같은 보호무역과 자유무역

호준 결국, 승자에 의한 승자를 위한 세계라는 건가. 그렇게만 보기에는 좀 슬픈 걸?

유 교수 지금까지 두 사람의 보호무역과 자유무역에 대한 의견을 다 들어 본 호준이 생각도 궁금하구나.

호준　　음… 누구나 더불어 사는 세상을 꿈꾸지만 동시에 나와 내 가족, 내 나라를 우선시하는 것은 어쩔 수 없는 것 같아요. 오늘의 세계 경제는 자국의 이익을 위해 상황에 따라 보호무역 정책을 펴기도 하고, 자유무역 정책을 취하기도 하는 합리적 선택의 결과 아닐까요?

유 교수　　1920년대 어느 나라보다 강력한 보호무역 조치를 실행하고 있던 미국이 2차 세계 대전 이후로는 오히려 무역 자유화를 강력하게 옹호하고 최근 경제적 어려움으로 다시 보호무역주의 조치를 강화하는 것도 그런 예가 될 수 있겠지.
반대로, 대외 무역의존도가 높은 우리나라는 여러 나라와의 FTA를 통해 무역 장벽을 낮춰서 더 자유로운 무역이 이루어지도록 노력하고 있어. 이는 미국과의 자유무역협정 전문[47]에도 잘 나타나고 있단다. 말이 나온 김에 한 번 찾아볼까?

47) 출처: www.fta.go.kr/us/doc/1

대한민국과 미합중국 간의 자유무역협정

대한민국 정부와 미합중국 정부는, 양국의 오랜 그리고 강한 동반자관계를 인정하고, 양국 간의 긴밀한 경제관계를 강화하기를 희망하여, 자유무역지대가 그들의 영역에서 확장되고 확고한 상품 및 서비스 시장을 창출하고 안정적이고 예측 가능한 투자환경을 창출하여 그들 기업의 세계시장에서의 경쟁력을 증진할 것임을 확신하며, 양국 영역 간 무역 및 투자를 자유화하고 확대함으로써, 양국의 영역에서 생활수준을 제고하고, 경제 성장과 안정을 증진하며, 새로운 고용기회를 창출하고, 일반적인 복지를 향상시키기를 희망하며… (후략)

호준 결국 보호무역과 자유무역 중 어느 것이 옳고 그르냐의 문제가 아니라, 시대와 상황에 따라 나라마다 각자의 산업에 필요한 시스템을 다른 나라와 조율하고 협상하면서 적용해가는 것이 바람직할 것 같아요. 마치 '동전의 양면'과 같이요.

유 교수 오늘 세 사람 의견 잘 들었다. 비록 자국의 이익을 우선시할 수밖에 없지만, 보호무역이냐 자유무역이냐에 관계없이 무역은 경제 발전에 필수적이고 이러한 무역을 위해서는 상대방이 존재해야 한다는 인식을 가질 때 모두가 이익을 얻을 수 있어. 무역이 이런 공동체적 합리성에 근거한 경제정책과 활동이 되었으면 한다는 말로 오늘 토론을 마치고 싶구나. 다들 수고했다.

Chapter 5

재외국민보호법

국가는 당신을 보호해 줄 수 있는가?

역대 한국인 피랍 사건

- 2004/5 무역회사 직원 김○○, 물건배달을 위해 바그다드에서 팔루자로 트럭을 이용해 이동하다 무장단체 '알타우히드 왈지하드(유일신과 성전)'에 피랍. 6월 23일 참수된 채 팔루자 인근 도로에서 시신 발견.
- 2006/4 원양어선 동원호가 소말리아 인근 해역에서 조업 중 현지 무장단체에 피랍. 선장 등 한국인 8명, 인도네시아인 9명, 베트남인 5명, 중국인 3명 등 총 선원 25명 피랍 후 117일 만에 석방.
- 2007/7 아프가니스탄에서 선교활동 중인 한국인 23명이 카불에서 칸다하르로 이동 중 탈레반 집단에 의해 피랍. 그 중 2명 살해. 43일(2007/8/30) 만에 인질사태 종료.
- 2011/1 대한민국의 선박 '삼호주얼리호'가 소말리아 해적들에게 피랍. 대한민국 해군 청해부대가 소말리아 인근 해상인 아덴 만에서 해적 소탕 군사 작전을 펼쳐 구출. 21명 선원 전원 구출되었고 사망자 없었으나, 석○○ 선장이 복부에 관통상을 입음.

생각해보기

1. 국가는 자국민 보호를 위해 테러단체의 요구에 응하여야 하는가?
2. 국가는 재외국민 보호를 위해 개인의 자유를 제한할 수 있는가?
3. 자신의 결정에 의해 위험에 처한 국민을 국가는 보호하여야 하는가?

헌법

제2조 제2항

국가는 법률이 정하는 바에 의하여 재외국민을 보호할 의무를 진다.

제34조 제6항

국가는 재해를 예방하고 그 위험으로부터 국민을 보호하기 위하여 노력하여야 한다.

유 교수 오늘은 국가의 국민 보호 의무, 그중에서도 재외국민 보호 의무에 대해서 이야기해 보려고 해. 2015년에 이슬람 무장단체인 IS[48]가 일본인을 납치해서 2억 달러를 요구하다가 결국 참수한 사건을 다들 기억하고 있을 거야. 가깝게는 최근 북한에 여행을 간 미국 대학생이 체포되어 1년 넘게 구금되었다가 결국 혼수상태에서 석방되었으나 6일 만에 사망한 사건도 있었고. 그냥 이웃 나라의 일이라고 무관심하게 지나칠 수 있는 일은 아니야. 앞에서 봤듯이 우리나라 국민도 비슷한 사건을 종종 겪었거든.

예린 IS가 일본인 인질을 참수한 사건은 아직도 너무나 충격적이에요. 그때 당사자들은 얼마나 무서웠을까요? 나라에서

48) IS는 2014년 6월29일 국가 수립을 선언한 알카에다 계열의 테러조직이다. 시리아 동북부에서 세력을 키운 이들은 이름을 'ISIS/ISIL'에서 'IS(Islamic State)'로 바꾸고 전 세계에 퍼져나가 활동하고 있다. (http://www.etoday.co.kr/news/section/newsview.php?idxno=1068148, 이투데이 2015년 2월 4일 자 기사 참조)

어떻게 해 주기만을 바라고 있었을 텐데….

혜온 정말 끔찍한 일이야. 무고한 사람들을 마구 잡아서 참수에 화형까지… 어쩜 사람이 이렇게까지 잔인할 수 있을까? 그렇다고 오늘날 같은 국제화 시대에 외국에 나가지 않을 수도 없고. 결국은 각 나라가 자기 국민을 보호하기 위한 노력을 더 해야 하는 것 아닐까 싶어. 그런 의미에서 이번 사건에서 일본이 보여 준 소극적인 태도는 정말 실망이야.

유 교수 그래. 그 두 일본인에게 일어난 사건은 너무나 안타까운 일이야. 하지만 일본 정부가 두 사람을 구하지 못한 것에 대해서는 사실 그 평가가 나뉘고 있단다.

혜온 네? 평가가 나뉜다고요? 자국민을 위험에서 구해 내지 못한 무능력한 정부에 일본인들이 많이 분노하지 않았나요?

예린 그렇게 쉽게 이야기할 수만은 없을 것 같아. 일본 정부가 무관심했던 것이 아니라 테러단체의 부당한 요구에 응할 수가 없었던 것이고, 나름대로 외교적인 노력을 했겠지만 어쩔 수 없어서 구하지 못한 것일 테니까.

혜온 무슨 소리? 무조건 테러단체의 요구에는 응할 수 없다면서 테러단체를 자극하기만 하고 협상 테이블에 앉지도 않았는데. 인질 당사자나 그 가족의 입장은 생각하지도 않고 '테러단체와의 협상 불가'라는 정부의 원칙적인 입장만 고수하다가 결국 아무런 성과 없이 두 사람 모두를 죽음으로 몰고 갔잖아.

예린 그래도 그 피해자 가족들은 정부의 노력에 감사한다며 국민에게 폐를 끼쳐서 죄송하다고까지 했는 걸? '테러행위에 대해서는 협상하지 않는다'는 태도는 추가적인 테러를 막기 위한 어쩔 수 없는 선택인 거지.

유 교수 그래, 분명히 국가는 국민을 보호할 의무가 있지. 하지만 그 의무를 이행하는 것과 관련해서 달리 생각해 볼 여러 가지 문제들도 있어. 예를 들어, 정부가 국민을 보호하기 위해 테러단체와 협상하는 것이 또 다른 테러를 부추기는 행동이 될 수도 있겠지? 국가가 국민을 보호한다는 이유로 해외여행을 제한하거나 국민의 기본권을 제한하는 것을 폭넓게 인정해야 할까? 국민에게 위험을 미리 알렸지만 그런 경고를 무시하고 위험을 자초한 국민까지도 국가는 구해야 할 책임이 있는 걸까? 이렇게 국가가 위험에 처한 국민을 구하는 일에는 복잡한 여러 가지 문제들이 있어.

재외국민 보호에 관한 법률의 필요성

유 교수 먼저 우리나라 헌법상 재외국민 보호에 관한 규정을 누가 읽어 줬으면 좋겠는데.

예린 우리나라 헌법 제2조 제2항은 "국가는 법률이 정하는 바에 의하여 재외국민을 보호할 의무를 진다"라고 규정하고 있어요.[49]

유 교수 그래. 그런데 헌법 제2조 제2항을 잘 살펴보면 국가는 '법률이 정하는 바에 따라서' 재외국민을 보호할 의무가 있다고 규정하고 있지? 그런데 우리나라에는 아직 재외국민 보호에 관한 법률이 없단다.
소극적으로 여권법을 통해서 위험 국가에 가려는 국민이 여권을 사용하지 못하게 하거나, 금지된 지역에 허가를 받지 않고 방문하거나 체류한 사람을 처벌하고는 있지만,[50] 적극적인 해외에 있는 대한민국 국민의 보호에 관한 법률은 따로 마련되어 있지 않아. 2015년을 기준으로 우리나라의 재외동포는 718만 5천 명이고,[51] 2016년 한 해 해외출국자는 2,238만 명을 넘고 있으며,[52] 매년 수

---

49) 재외동포의 출입국과 법적 지위에 관한 법률(이하 '출입국법') 제2조에서 '재외국민'이란 대한민국의 국민으로서 외국의 영주권을 취득한 자 또는 영주할 목적으로 외국에 거주하고 있는 자를 말하므로 단순 해외 여행객은 여기에 포함되지 않는다. 그러나 헌법 제2조 2항의 재외국민 보호 의무는 출입국법에서 정한 재외국민에 국한되지 않고 해외에 체류중인 대한민국 국적자 전부를 그 대상으로 보아야 할 것이므로 본 책에서 재외국민은 국외 이동 국민 전부를 포함하여 설명하기로 한다.

50) 여권법 17조, 여권법 26조.

51) 출처: e-나라지표 '재외동포 현황', 외교부 '재외동포 현황'

백 명의 재외국민이 행방불명되고 있다고 해.[53]

그런데도 관련법이 쉽게 만들어지지 못하고 있는 이유는 아마도 앞에서 얘기한 여러 가지 문제들에 관해서 국민적인 합의가 충분히 이루어지지 못하고 있기 때문일 거야. 그럼 이제부터 재외국민 보호법이 마련되기 위해 고려되어야 할 사항들에는 무엇이 있는지 생각해 보도록 하자.

해외 국민 보호를 둘러싼 국가적 딜레마

테러조직과 협상할 것인가?

유 교수　　먼저 IS의 인질납치행위에 대한 일본 정부의 대응과 관련해서, 과연 자국민이 인질로 잡혔을 때 테러단체의 요구에 따라 국가가 적극적으로 그 요구에 응해서 인질의 몸값을 지급하고 납치된 국민을 구하는 것이 바람직한 태도인지 이야기해 보자. 예린이는 어떻게 생각하니?

52) 출처: 권태일, 출입국관광통계 현황 분석(2017년 3월 기준), ≪문화관광≫, 2017. 5.
53) 2011년에서 2013년 사이에 총 1,030명, 매년 340명 정도의 재외국민이 행방불명 됨. (http://news1.kr/articles/?2063902 참조)

예린 아까 IS가 일본인 인질 두 명을 살해한 사건과 관련해서 일본 정부에 대한 일본 국민의 평가가 엇갈린다는 이야기를 했었는데요. 실제로 사건 직후 이루어진 교도통신의 설문 조사에 따르면, 조사 대상자의 61%가 테러조직의 자국민 살해 위협에 대한 일본 정부의 대응이 '적절했다'고 평가했어요. 일본 정부의 대응이 적절했는지는 잘 모르겠지만, 저도 일본 정부가 테러단체의 요구에 따라 몸값을 지급하는 것을 거부한 것은 어쩔 수 없다고 생각해요.

혜온 자국민이 테러조직에 의해 무참하게 살해당했는데도 정부의 안이한 태도를 비판하지 않는 사람들이 있다는 것은 이해하기 어렵네요. 국가는 국민을 보호해야 할 의무가 있는데 그 의무를 제대로 이행하지 않았다면 국가에 손해배상이라도 요구했어야 하는 상황 아닌가요? 그런데 '적절했다'니… 이해할 수가 없어요.

예린 정부가 국민 보호의 의무를 몰라서 그랬을까? 당시, IS라는 과격한 이슬람 테러조직은 일본 정부에 일본 인질 두 명의 몸값으로 미화 2억 달러, 우리나라 돈으로 약 이천억 원을 요구했어.

혜온 엄청난 액수네. 하지만 금액이 아무리 많다 하더라도 돈이 사람의 목숨보다 중요하지는 않지. 생명은 다른 가치와 비교할 수 없으니까.

예린 단순히 돈의 액수 때문에 협상에 응하지 않은 건 아니지. 그 돈은 결국 테러조직의 활동 자금이 될 테니 테러조직을 지원하는 것과 같은 결과가 되어 버리는 거잖아. 그래서 일본 정부는 몸값을 지급하지 않고 다른 외교적인 방법을 통해 인질들을 구하고자 노력했던 거야. 이런 이유로 미국은 인질에 대한 몸값을 절대 지불하지 않는다는 것을 정부방침으로 확고히 하고 있고. 당시 일본이 IS의 요구를 거부한 것에 대해 미국의 오바마 대통령은 야만적 행위 근절을 위한 일본 정부의 노력에 감사한다는 성명을 발표하기도 했어.

혜온 야만적 행위의 근절이라… 물론 IS의 인질 납치와 살해는 야만적이고 비난을 받을 행위야. 하지만, 구할 수 있었던 생명인데도 테러조직에 도움이 된다는, 아니 도움이 될 수도 있다는 가능성 때문에 처음부터 고개를 돌리고 당사자인 국민의 희생을 어쩔 수 없다는 식으로 여기는 것은 어떠한 이유로든 정당화될 수 없다고 생각해.

예린 물론 생명은 불가침의 영역이 분명하고 누구나 생명의 가치를 존중해야 해. 하지만 이 경우는 테러행위에 반대하고, 불법적인 폭력에 굴복하지 않는다는 국제사회의 약속을 지키고자 한 불가피한 선택이었다고 볼 수 있지 않을까?

혜온 예린이 네가 지금 이야기했듯이 생명이 '불가침'의 영역이라면, 어떤 이유에서든 우선시해야 할 가치라는 뜻이겠지. 국민의 생명 보호라는 헌법적 차원의 의무를 일본이나 미국은 국제사회에서의 비난을 피하기 위해 무시한 거라고.

예린 자, 흥분하지 말고 잘 들어봐. 인질 납치행위 자체가 타인의 생명을 무시하는 행위인데 자국민을 보호한다는 명분으로 돈을 주게 되면 또 다른 테러행위를 조장할 수 있어. 그래서 국제사회의 일원으로서 자국민 보호를 위한 방법을 스스로 제한한 것이지. 국제사회가 테러조직의 요구에 아무도 응하지 않는다면, 결국 테러조직도 전략적으로 그러한 방법을 포기하게 될 테니 말이야.

혜온 또 다른 테러행위를 방지하기 위해서 지금 당장 위태로운 사람의 목숨은 어쩔 수가 없다는 거네. 하지만, 아직 일어나지도 않은 일을 위해서 지금 당장 일어난 일을 모른 척한다는 건 앞뒤가 맞지 않는 거 아닐까? 어차피 양쪽 다 사람의 생명과 관계된 일이잖아. 그렇다면 지금 당장 발등에 떨어진 불부터 끄는 게 맞겠지.

미국과 프랑스의 다른 대응

혜온 미국과 달리 프랑스 같은 나라들은 자국민이 테러단체에 납치되면 먼저 몸값을 지급하고서라도 자국민의 목숨을 구하려고 한다는 점을 알았으면 해. 내 생각이 단순히 감정적인 대응은 아니라는 거지.

예린 그래. 어느 신문 기사에 의하면 프랑스가 알카에다[54]에 지급한 몸값이 약 600억 원인데 이는 전 세계 다른 국가들이 지급한 몸값과 거의 같은 금액이라고 해.[55] 그런데 또 전체 피랍자 중 삼분의 일이 프랑스인이라는 점은 우연일까? 프랑스 정부가 몸값을 지급하니까 도리어 테러 조직들이 프랑스인을 빈번하게 납치하는 거야. 즉, 테러조직이 이러한 몸값 요구가 효과적이라고 여기게 만든 거지. 지금 당장은 희생당하는 인질 때문에 마음이 아프겠지만, 계속해서 테러조직과는 협상하지 않는다는 원칙을 지키게 되면 결국 테러조직도 몸값을 받아내기 위해 무고한 사람들을 납치하는 일은 포기하게 될 거야.

혜온 '몸값을 지급하지 않으면 납치를 하지 않을 것이다'라는 건 희망적이지만 순진한 판단이라는 생각이 드는 걸. 난, 그런 판단에 희망을 걸고 국제적 위신과 약속을 지키기 위해, 당장

---

54) 오사마 빈 라덴이 결성한 국제적인 테러 지원조직. 1991년 걸프전쟁이 일어나면서 반미 세력으로 전환한 이 조직은 빈 라덴의 막대한 자금과 군사력을 바탕으로 파키스탄 · 수단 · 필리핀, 아프가니스탄, 방글라데시, 사우디아라비아는 물론, 미국 · 영국 · 캐나다 등 총 34개국에 달하는 국가에서 활동하고 있는 것으로 알려져 있다.

55) 2008년 이후 53명이 알카에다에 납치되었고 이 중 지불된 몸값은 1억 2천 5백만 달러. (출처: 2014년 7월 29일자 ≪뉴욕타임즈≫ 기사, https://www.nytimes.com/2014/07/30/world/africa/ransoming-citizens-europe-becomes-al-qaedas-patron.html)

목 앞에 칼이 놓여 있는 사람에게 '너를 위해 테러단체와 협상을 할 수 없으니 국가를 이해해 달라'고는 말하지 못할 것 같아.

국가의 국민 보호를 위한 기본권 제한 문제

내 여권을 마음대로 사용하지 못한다면?

유 교수 자, 초반부터 토론이 열기를 더해가고 있는데, 그럼 방향을 조금 바꿔서 논의를 진행해 볼까?
해외에서 여러 건의 납치 사건을 경험한 우리나라 정부는 여권법을 개정해서 여권 사용을 제한하고 이를 위반한 경우 처벌할 수 있도록 했어. 실제로 일본에서도 이번 IS의 일본인 살해 사건 이후에 일본 외무성이 시리아에 가고자 한 프리랜서 사진작가의 집으로 찾아가 여권을 압수하는 사건이 있었고. 이처럼 정부가 국민 보호를 이유로 해외여행을 제한하거나 국민의 기본권을 제한하는 것에 대해서는 어떻게 생각하니?

혜온 정부가 여행금지국가를 지정하고 국민에게 이런 국가를 방문하지 말 것을 권고하거나 주의를 주는 것은 국민을 보호해야 하는 국가의 당연한 의무이지만, 이를 넘어서 아예 여권사용을 제한하고 위반 시 처벌까지 하는 것은 기본적으로 헌법에서 보장하고 있는 여행 및 거주 이전의 자유를 침해하는 문제가 있는 것 같아요.
위험을 감수하고라도 여행을 할지 말지는 일단 개인이 선택해야 하는데 이런 자기결정권을 침해하는 것이기도 하고요.

예린 하지만 여행금지국가를 정하고 해당 국가에서의 여권 사용을 제한하는 것은 국민의 생명을 보호하고 안전을 도모하기 위한 것이니까 이러한 국가로의 여행을 막는다고 해서 기본권을 지나치게 제한하는 것은 아니라고 생각해.

혜온 하지만 집에 찾아가서 여권을 빼앗은 건 좀 너무한데?

예린 일본 정부가 인질 살해라는 큰 사건을 겪고 과민 반응을 보인 것 같기는 해. 결국, 재외국민 보호를 위해 여권사용을 제한할지, 국민의 기본권을 더 존중할지는 구체적인 사정에 따라 비교 형량을 통해 판단할 문제이지.

유 교수 참고로 우리나라 여권법에서는 '천재지변, 전쟁, 내란, 폭동, 테러 등 국외 위난 상황으로 인하여 국민의 생명, 신체, 재산을 보호하기 위하여 국민이 특정 국가나 지역을 방문하거나 체류하는 것을 중지시키는 것이 필요하다고 인정하는 때에는 기간을 정하여 해당 국가나 지역에서의 여권의 사용을 제한하거나 방문·체류를 금지할 수 있다'고 하는 규정이 있고, 예외적으로 제한할 수 없는 경우도 인정하고 있어.[56]

모든 책임은 국가가?
개인의 자기 보호책임과 국가의 국민 보호 의무의 경계

권리만 누리는 국민

유 교수　　그런데 국가의 적극적인 개입과 보호에 대해서도 생각해 볼 문제가 있지. 너희들 혹시 Citizen of Convenience라는 용어를 들어본 적 있니?

혜온　　아뇨. 처음 듣는 말인데 무슨 뜻이에요?

유 교수　　쉽게 말하면, 편의에 따라 국적을 선택하는 국민이라고 할까? 어떤 개인이 국가에 대한 의무를 다하지는 않으면서도 그 나라 국민의 권리는 누린다는 부정적인 의미로 많이 사용되기

---

56) 여권법 17조 1항, 같은 법 시행령 제29조에 따라 아래의 경우 여권 사용 제한에 대한 예외를 인정할 수 있다.

1. 대상 국가나 지역의 영주권 또는 이에 준하는 권리를 취득한 사람으로서 그 대상 국가나 지역을 생활근거지로 하여 계속 영주하기 위한 경우.
2. 공공이익을 위한 취재나 보도를 위한 경우.
3. 긴급한 인도적 활동을 수행하거나 지원하기 위한 경우.
4. 외교·안보임무나 재외국민보호 등을 수행하는 국가기관 또는 국제기구의 공무활동을 위한 경우.
5. 소관 중앙행정기관의 장의 추천을 받아 국가 이익이나 기업 활동에 관련된 임무를 수행하기 위한 경우.
6. 그 밖에 제1호부터 제5호까지의 규정에 준하는 경우로서 외교부장관이 특히 필요하다고 인정하는 경우.

도 해. 캐나다나 미국과 같이 이중국적을 허용하고 있는 국가들에서는 심각하게 논의되고 있는 부분이야.
예를 들어, 일본에서 있었던 후쿠시마 원전 사고 당시에 캐나다 정부가 일본 핵 위험 지역으로부터 185명의 자국 시민을 철수시키기 위해 버스 등의 운송 수단을 직접 제공한 일이 있었어. 이에 대해서 캐나다 시민 중 일부는 캐나다 시민의 의무는 하지 않으면서 시민으로서의 혜택만을 누린다며 비판하기도 했지. 즉, 외국에 살고, 외국에 세금을 내는 국민을 굳이 캐나다가 나서서 구할 필요가 있느냐 하는 거야.

복수국적을 가진 시민

유 교수　　또 비슷한 예를 들어보면, 2006년 레바논 내전 당시 캐나다 정부는 일억 달러, 우리나라 돈으로 약 일천억 원을 들여 레바논의 캐나다인들을 구출해 냈지만, 그중 다수는 레바논 폭력 사태가 진정된 후에 다시 레바논으로 돌아갔어. 국가가 큰 비용을 들여 구출했던 사람들이 자신의 이익을 위해 다시 그 지역으로 돌아가자 'Citizen of Convenience', 즉 필요 때문에 국적을 유지하는 사람들에게 정부가 보호 의무를 부담하는 것이 타당한가 하는 문제가 제기되었던 거야.
요즘과 같이 해외 이주가 자유롭고 해외에서의 경제활동이 활발한 시기에는, 특히 미국이나 캐나다 같은 복수국적을 허용하는 국가에서는 이런 문제가 발생하면 복수국적을 가진 시민들과 아닌 시민들 간에 갈등이 깊어질 수도 있어.
우리나라는 원칙적으로 복수국적을 허용하지는 않지만, 국적을 선택하도록 하는 만 22세 전까지는 실질적으로 복수국적을 유지할 수 있는 데다, 외국 영주권을 취득해서 해외에 거주하는 대한민국 국적자들이 많아지는 상황이라 생각해 볼 필요가 있는 문제 같아. 본인의 자유로운 결정과 의지에 따라 위험을 감수하고 외국에 거주하거나 체류 중이라면, 그때 발생하는 위험에 대해서는 자신이 책임을 져야 하는 것은 아닐까? 어떻게들 생각하니?

혜온 꼭 그렇게 볼 수는 없는 것 같아요. 국가가 국민에게 마땅히 제공해야 할 보호 의무를 제공하지 않는다는 것은 해당 국민의 국적 또는 시민권을 박탈하는 것과 같다고 생각해요. 국적은 국민이 태어나면서부터 법에 따라 부여되는 근본적인 권리인데 기여도에 따라서 보호 의무를 선별적으로 제공한다는 것은 국가에 재외국민을 보호 의무를 부여한 헌법 제2조 제2항을 위반하는 것이지요.

예린 저도 기본적으로 혜온이와 비슷한 생각이지만, 먼저 위험을 초래하고 감수한 해당 국민이 우선적인 책임을 져야 한다고 생각해요. 국가는 테러집단이나 범죄자들과 협상할 수 없더라도, 당사자와 관계있는 개인이 협상하는 것까지 막을 수는 없을 것 같아요. 개인이 자기 책임 아래에서 그런 협상을 하는 것은 개인의 자기 보호란 측면에서 허용될 수 있죠. 국가가 이런 협상에 국민을 위해 조력할 수는 있지 않을까요?

혜온 그래. 국민이 자신의 생명을 구하기 위해 노력하는 것은 당연한 자기 기본권의 행사로 이해되고, 그런 권리는 보장되어야 한다고 봐. 동원호 납치 사건 당시 납치부터 석방까지 110여 일이라는 긴 시간이 걸렸고, 이때 외교부의 소극적인 태도에 대한 큰 비난이 일었다는 것을 잊지 말아야 해. 상대가 테러집단이나 무장을 한 폭력집단이라면 개인보다는 충분한 인프라와 정보를 가지고 있는 정부가 주체로 나서서 위험에 처한 개인을 구하는 것이 적합하다고 생각해. 그래서 보조자적인 태도가 아닌 국민 보호 의무 당사자로서 국가의 적극적인 태도가 필요하다는 거야.

누가 최종적인 책임을 지고 비용을 지급할 것인가?

혜온 소말리아 해적에게 납치되었다가 청해부대에 의해 구출된 '삼호주얼리호' 사건도 마지막에는 좋지 않은 선례를 남겼다고 생각해.

예린 왜? 삼호주얼리호는 혜온이 네가 원하는 것처럼 우리나라 해군이 적극적으로 무력을 사용해서 국민을 구출한 좋은 예가 아닌가?

혜온 물론 그렇긴 하지만 사후 처리에 있어서 좀 문제가 있다고 봐. 당시 심각한 상처를 입은 석 선장님의 치료비는 석 선장님이 소속된 회사가 부담하기로 했었는데 그 회사가 경제적으로 매우 어려워지면서 치료를 담당했던 아주대학병원은 결국 병원비를 받지 못하게 되었다고 하잖아. 삼호주얼리호 석 선장님의 경우에 국가는 치료비를 전혀 부담하지 않은 거지. 이런 경우가 반복된다면 누가 위기에 처한 자국민을 자발적으로 나서서 도와주려 하겠어? 정책적인 차원에서라도 그런 비용 정도는 국가가 책임을 지는 게 맞다고 생각해.

예린 그런데 미국의 경우에도 위험지역에서의 철수 비용은 개인의 책임으로 보고 있고,[57] 이런 원칙에 따라서 위험지역에서의 출국 보조 비용을 최대한 가능한 만큼 청구하도록 법에서 정하고 있다고 해.[58] 관련 법률이 없는 현재로서는 국가가 국민을 구호한 이후에 치료비까지 부담해야 할 근거도 없지.

혜온 치료비 같은 구호비용을 책임 있는 개인이 부담할 수 있으면 좋겠지. 하지만, 그 부담이 개인이 지급할 수 없을 정도로 과중한 것이 보통이고, 국가가 국민에 대한 구호 의무를 부담하고 있으니 구호비용도 국가가 부담하는 것이 당연하지. 예린이

57) 7FAM 000 Consular protection of U.S. Nationals Abroad; 7 FAM 011.

58) U.S. law 22 U.S.C. 2671(b) (2) (A).

네가 이야기한 것 같이 미국의 경우도 출국보조비용을 '가능한 만큼 최대한'만 청구하도록 하고 있다고 했잖아? 그건 국가가 비용을 책임진다는 의미 아니야?

예린 나도 비용을 누군가가 우선 부담해야 한다면 그것이 국가가 되어야 한다는 점에 대해서는 동의할 수 있어. 다만 최종적으로 국가로부터 그 비용을 청구 받고 책임져야 하는 사람은 위험을 감수한 본인이겠지.

유 교수 다들 오늘 재외국민 보호라는 주제를 가지고 뜨거운 논쟁의 시간을 가졌다고 생각되는구나. 또 재외국민 보호법을 제정하면서 어떤 것들을 고민해야 할지도 충분히 알았겠지?
지금까지 우리가 토론한 내용과 관련해서 2016년 3월 3일에 제정된 **국민보호와 공공안전을 위한 테러방지법**, 소위 **테러방지법**을 잠시 살펴보는 것도 의미가 있을 것 같구나. 이 법은 주로 테러의 예방과 방지를 위한 국가의 활동에 초점을 두고 있어. 테러로 피해를 당한 국민에게 치료비 및 복구에 필요한 비용의 전부 또는 일부를 지원할 수 있도록 근거 규정을 마련했지(테러방지법 제15조 제2항). 다만 허가를 받지 않고 방문 및 체류가 금지된 국가 또는 지역을 방문하거나 체류한 사람에 대해서는 예외로 했어. 시간이 된다면 테러방지법을 따로 찾아보는 것도 좋을 것 같구나.

유교수의
5분 강의

기본권 제한의 한계 '비례의 원칙'

헌법에는 행복추구권, 평등권, 자유권 등 국민의 각종 기본권이 규정되어 있습니다. 헌법에서 규정하고 있는 이러한 개인의 기본권을 국가가 제한할 수 있을까요? 제한할 수 있다면 어떠한 경우에 어떤 방법으로 할 수 있을까요?

그 대답은 바로 헌법 안에 있습니다. "국민의 모든 자유와 권리는 국가안전보장, 질서유지 또는 공공복리를 위하여 필요한 경우에 한하여 법률로써 제한할 수 있으며, 제한하는 경우에도 자유와 권리의 본질적인 내용을 침해할 수 없다"고 규정하고 있는 헌법 제37조 제2항이 바로 그것이죠. 즉 '국가안전보장, 질서유지, 공공복리를 위하여 필요한 경우'에 '법률'에 의해서만 제한할 수 있는 것입니다.

그렇다면 헌법재판소는 기본권을 제한하는 법률이 헌법에 합치되는지, 위반되는지 무엇을 기준으로 판단하는 것일까요? 소급입법금지원칙, 신뢰보호원칙, 무죄추정원칙 등 여러 가지 헌법상의 원칙이 있지만 공통으로 적용되는 기준이 있습니다. 바로 '비례의 원칙'입니다. 비례의 원칙은 앞에서 언급한 헌법 제37조 제2항 끝부분에 "제한하는 경우에도 자유와 권리의 본질적인 내용을 침해할 수 없다"는 규정에서 비롯된 것인데 '과잉금지원칙'이라고도 합니다. 기본권 제한의 한계인 것이죠.

기본권 침해를 판단하는 대부분의 '헌법 판례'에서 비례의 원칙을 발견할 수 있는데요, 그만큼 개인의 기본권을 제한하는 법률이나 공권력 행사의 위헌 여부를 판단하는 유용한 도구가 된다고 볼 수 있습니다.

국민이 자신에 대한 기본권 침해를 이유로 법률이나 공권력 행사가 위헌이라고 다툴 때, 헌법재판소는 먼저 법률 등이 기본권을 제한하는 것인지를 판단합니다. 이때 기본권이 제한되었다면 그러한 기본권 제한이 아래 4가지 요건을 충족하는지를 따져서 이를 모두 충족해야만 위헌이 아니라고 판단합니다.

1. 목적의 정당성
2. 수단의 적합성
3. 침해의 최소성
4. 보호되는 법익과 침해되는 법익의 균형성

비례의 원칙의 첫 번째 관문인 '목적의 정당성'은 국가가 국민의 자유와 권리를 제한하는 제도를 도입하면서 얻으려는 목적이 있을 텐데, 그 목적이 정당한가를 따져보는 것입니다. 정당하지도 않은 목적을 위해 헌법상 국민에게 주어진 자유와 권리를 제한하도록 놓아둘 수는 없죠.

두 번째, '수단의 적합성'은 그 제도가 정말 그 정당한 목적을 달성하게 하는 유효하고 적절한 방법인지 판단해 보는 것입니다. 아무리 목적이 정당하더라도 목적 달성을 위한 수단이 적합하지 않으면 안 되겠죠.

세 번째 관문인 '침해의 최소성'은 목적을 달성하기 위한 적절한 수단이 꼭 한 가지만 있는 것은 아니라는 인식에서 출발합니다. 적절한 수단이더라도 국민의 권리나 자유를 최소한으로 침해하는 수단을 택해야 한다는 원칙입니다. 즉, 국민의 권리나 자유에 대한 피해를 최소화하기 위해 노력했는지를 따져 묻는 것입니다.

정말 호락호락하지 않죠?

마지막 단계인 '법익의 균형성'은 사실 '비례의 원칙'의 핵심이라고도 볼 수 있습니다. 기본권을 침해할 수 있는 경우는 헌법 제37조 제2항에서 열거한 국가안전보장, 질서유지 또는 공공복리를 위하여 필요한 경우에 한하는데 이렇게 보호하고자 하는 공익이 자유 또는 권리를 침해받는 개인의 이익(사익)보다 커야 한다는 원칙입니다. 결국, 공익이란 것도 국민 개개인의 이익이 합쳐진 것인데, 보호하는 공익보다 침해되는 사익이 더 크다면 공익과 사익의 '균형'을 잃어버린 셈이 되겠죠.

언뜻 보면 매우 상식적이고 일반적인 이 원리가 위헌 여부를 결정하는 엄정한 기준으로서 헌법재판소의 무수한 결정들 속에 존재하고 있습니다. 이 간단한 원리를 적용하고 저울질해 보는 과정에 우리 헌법이 지향하는 사회가 무엇인지에 대한 깊은 고민이 담기게 되는 것이죠. 이러한 과정의 깊이와 풍성함이 결국 한 사회를 이끌어 가는 원동력이 되리라 생각합니다.

Chapter 6

좌석 안전띠 착용 의무

피해자 없는 범죄는 성립하는가?

A는 업무 스트레스를 드라이브로 해소한다. 그런데 얼마 전 여느 때처럼 드라이브하다가 좌석 안전띠(안전벨트)를 착용하지 않았다는 이유로 교통범칙금을 내게 되었다.
A는 좌석 안전띠를 매지 않으면 범칙금을 낸다는 사실에 대해서 평소에는 별생각이 없었으나 막상 범칙금을 내게 되니 '다른 사람에게 피해를 준 것도 아닌데 왜 좌석 안전띠를 매지 않았다는 이유만으로 벌금을 내야 하나' 하는 생각이 들었다.
이 일로 기분이 상한 A에게 직장동료는 "다 네가 다치지 않도록 하기 위한 것이니 너무 기분 나빠하지 마"라고 위로를 건넸다.
그러나 A는 국가가 부모도 아닌데 왜 자신의 안전까지 걱정하는지 이해할 수 없었다.

생각해보기

1. 타인에게 해를 끼치지 않는 행위는 허용되어야 한다는 A의 생각은 옳은가?
2. 좌석 안전띠 착용은 운전자만을 위한 것인가?
3. 국가가 자신의 안전을 돌보지 않는 A와 같은 개인을 처벌하는 것이 타당한가?

제50조(특정 운전자의 준수사항)

① 자동차(이륜자동차는 제외한다)의 운전자는 자동차를 운전할 때에는 좌석 안전띠를 매어야 하며, 그 옆 좌석의 동승자에게도 좌석 안전띠(영유아인 경우에는 유아보호용 장구를 장착한 후의 좌석 안전띠를 말한다. 이하 같다)를 매도록 하여야 한다. 다만, 질병 등으로 인하여 좌석 안전띠를 매는 것이 곤란하거나 행정자치부령으로 정하는 사유가 있는 경우에는 그러하지 아니하다.

② 자동차(이륜자동차는 제외한다)의 운전자는 그 옆 좌석 외의 좌석의 동승자에게도 좌석 안전띠를 매도록 주의를 환기하여야 하며, 승용자동차의 운전자는 영유아가 운전자 옆 좌석 외의 좌석에 승차하는 경우에는 좌석 안전띠를 매도록 하여야 한다.

제67조(운전자 및 동승자의 고속도로 등에서의 준수사항)

① 고속도로 등을 운행하는 자동차 가운데 행정자치부령으로 정하는 자동차의 운전자는 제50조제2항에도 불구하고 모든 동승자에게 좌석 안전띠를 매도록 하여야 한다. 다만, 질병 등으로 인하여 좌석 안전띠를 매는 것이 곤란하거나 행정자치부령으로 정하는 사유가 있는 경우에는 그러하지 아니하다.

제156조(벌칙)

다음 각 호의 어느 하나에 해당하는 사람은 20만 원 이하의 벌금이나 구류 또는 과료(科料)에 처한다.

6. 제50조제1항 및 제3항을 위반하여 좌석 안전띠를 매지 아니하거나 인명보호 장구를 착용하지 아니한 운전자

제160조(과태료)

② 다음 각 호의 어느 하나에 해당하는 사람에게는 20만 원 이하의 과태료를 부과한다.

2. 제50조제1항, 제2항 또는 제67조제1항을 위반하여 동승자에게 좌석 안전띠를 매도록 하지 아니한 운전자

안전띠 미착용이 범죄라고?

유 교수 혜온이는 자동차를 타면 안전띠를 착용하니?

혜온 네. 택시를 탄 적이 있는데, 그때 기사님께서 굉장히 멋쩍어하시면서 조수석에 탄 손님이 안전띠를 매지 않으면 기사님이 벌금을 내야 된다고 하시더라고요. 그 말을 듣고 얼른 안전띠를 매었는데, 그 이후로는 항상 매고 있어요.

유 교수 그래. 우리나라에는 도로에서 일어나는 모든 교통문제를 규율하는 '도로교통법'이라는 법이 있는데, 이 법에 따르면 모든 차량에서 안전띠를 착용하게 되어 있어. 또 안전띠를 매지 않는 운전자는 벌금을 내게 되어 있단다.

혜온 정말 택시기사님이 벌금을 내게 되시네요? 저는 그냥 제 안전을 위해서 하시는 말씀인가 했었는데….

유 교수 정확히는 혜온이가 안전띠를 매지 않으면 운전자인 기사님이 '벌금'이 아닌 '과태료'를 내는 거란다. 물론 기사님 스스로가 안전띠를 매지 않은 경우는 '벌금'을 내게 되시겠지만 말이야. 간단히 '벌금'과 '과태료'의 차이점을 설명할게. 일단 범죄의 대가로 받는 벌을 '형벌'이라고 하는데 형벌 중 '돈'을 내도록 하는 벌을 '벌금'이라고 해. 말 그대로 잘못에 대한 '벌'인 셈이지. 반면 과태료는 형벌이 아닌 '행정벌'인데 행정 법규 위반에 대해 제재를 가하는 거야. 둘 다 벌이라고 할 수 있지만, 형벌은 범죄에 대한 벌이고 과태료는 범죄까지는 아닌 것에 대해 부과되는 거야.

혜온 교수님 말씀대로라면 운전자가 스스로 안전띠를 매지 않는 것은 벌금을 내니까 '범죄'이고, 다른 동승자들을 매도록 하지 않은 것은 과태료를 내니까 '범죄'까지는 아니라는 거죠?

유 교수 현행 도로교통법에 의하면 그렇다고 할 수 있지.

혜온 오호라… 둘 다 돈을 내는 것이지만 이렇게 보니 확연히 차이가 나네요!

피해자 없는 범죄(Victimless Crime)가 늘어나고 있다

유 교수 혜온이는 '피해자 없는 범죄'라고 하면 어떤 것이 떠오르니?

혜온 무슨 제가 좋아하는 추리 소설의 제목 같은데요? 그래도 살인, 강도, 절도 같은 범죄라면 당연히 피해자가 있기 마련인데 피해자 없는 범죄라니. 그럼 범죄가 아닌 것 아닐까요?

유 교수 그래. 범죄란 건 사실 피해자가 있는 걸 전제로 한 개념이지. 그런데 곰곰이 생각해 보면, 이 세상에는 점점 '피해자 없는 범죄'가 늘어나고 있단다. 그 대표적인 예가 오늘 우리가 토론할 자동차 운전자에게 좌석 안전띠를 매는 것을 법으로 강제하는 경우라고 할 수 있지.

혜온 확실히 좌석 안전띠를 매지 않는 것이 누군가를 해치는 일이라고 보기는 어렵고, 그렇다면 피해자가 생기지는 않지만, 처벌은 하니까 범죄처럼 취급된다는 말이죠? 그런데 교수님, 따지고 보면 피해자가 없다고 볼 순 없지 않을까요? 좌석 안전띠를 매지 않고 사고가 나서 운전자가 더 크게 다쳤다면 최소한 스스로에게는 피해를 준 것이잖아요.

유 교수 그렇지. 좌석 안전띠를 매지 않는 것 같이 자신을 해하는 경우 국가가 개입하는 것은 '후견주의'에 따른 것이라고 할 수 있어. 그에 반해 '해악원리'는 타인을 해하는 경우에 국가가 개입할 수 있다는 것이라서 피해자는 타인일 수밖에 없지.

혜온 그런데 교수님, 만약에 자신을 해한다는 이유로 국가가 개인의 삶을 간섭하기 시작하면 언젠가 비만으로 인해 건강을 해칠 염려가 있는 사람에게 국가가 나서서 기름진 음식을 먹지 못하게 하고, 먹을 경우에는 벌금을 물게 하는 일도 가능한 것 아닌가요?

유 교수 그래. 이 후견주의를 무분별하게 인정한다면 우리가 맛있는 감자튀김을 먹을 자유마저도 사라지게 될 수 있지. 그러니 어디까지 개입하는 것이 가능한가 하는 점을 검토해 봐야 해.

혜온 교수님, 아무래도 저울에 달아봐야 할 것 같아요. '비례의 원칙'이라는 저울이요. 국가가 국민에게 안전띠를 매도록 강제하는 것이 정당한 제한인지, 아니면 정당하지 않은 침해인지!

유 교수 하하. 혜온이가 내가 하고픈 말을 딱 집어서 했는걸? 오늘은 혜온이와 나밖에 없으니 우리 둘이서 한 번 비례의 원칙을 두고 토론을 해 볼까?

혜온 네! 오늘은 제가 반대편에 서 볼게요! 뭔가 감이 팍팍 오거든요!

유 교수 그래. 자, 시작해 볼까? 정식 토론이니 나도 높임말을 사용해야겠다.

안전띠 강제 착용은 피해를 줄이기 위해 적절한가?

유 교수 운전자에게 좌석 안전띠 착용을 강제하는 것은 교통사고에 따른 인명피해를 줄이기 위함입니다. 특히 우리나라는 교통사고 발생률과 사망자 수가 다른 나라에 비해 높은 편이고, 교통사고 발생 건수에 대비한 사망자 수의 비율도 다른 교통안전 선진국들에 비하여 높습니다.[59)]

결국 좌석 안전띠를 강제로 착용하게 하는 이유는, 교통사고 사상자 발생으로 인해 공동체가 치러야 할 사회적 · 경제적 부담을 줄이고, 국민의 생명이나 신체에 대한 위험을 방지하기 위한 것이라고 볼 수 있어요. 따라서 입법목적의 정당성이 인정된다고 생각합니다.

그다음은 방법의 적절성인데, 안전띠를 착용한 운전자의 사망이나 중상 위험이 감소하는 것은 실험이나 통계를 통해서 충분히 알려졌다고 생각합니다. 따라서 앞서 밝힌 입법목적을 달성하기 위해 좌석 안전띠를 착용하도록 하는 방법은 매우 효과적이라고 할 수 있어요.

---

59) 위 헌재 결정문 195-198쪽 참조.

안전띠를 매지 않으면 '범죄자'가 된다?

혜온 안전띠 착용 의무화 문제에서 목적의 정당성과 방법의 적절성에 관하여는 저도 동의합니다.

하지만 결국 안전띠 착용 의무화는 '침해의 최소성'에 반한다고 생각합니다.

현행 도로교통법에 따르면 안전띠를 착용하지 않은 운전자의 경우 '범죄자'에 해당합니다. 그런데 안전띠를 착용하지 않았다고 해서 이를 '범죄'라고 규정하고, 이를 위반한 사람을 '범죄자'라 규정하는 것은 너무 과도한 것 아닐까요? 좌석 안전띠 착용을 의무화하는 이유가 국민, 즉 '운전자'의 안전인데, 이를 어겼다고 국민을 '범죄자'로 취급한다는 것은 도저히 이해할 수 없는 결론입니다. '과태료'라는 제재 방식도 있는데, 굳이 운전자를 '벌금'으로 제재하는 것은 침해의 최소성에 반합니다.

유 교수 이에 대해서 우리 헌법재판소는 '특정한 인간 행위에 대하여 그것이 불법이며 범죄라 하여 국가가 형벌권을 행사하여 이를 규제할 것인지, 아니면 단순히 도덕률에 맡길 것인지의 문제는 인간과 인간, 인간과 사회와의 상호관계를 함수로 하여 시간과 공간에 따라 그 결과를 달리할 수밖에 없는 것이고, 결국은 그 사회의 시대적인 상황, 사회구성원들의 의식 등에 의하여 결정될 수밖에 없다'[60]라고 보고 있습니다. 안전띠를 착용하지 않은 운전자에 대해 벌금으로 제재하는 것도 허용될 수 있다고 판단하고 있지요.

이 말은 결국, 어떠한 행위가 범죄가 되어 국가가 형벌을 가해야 하는지 아니면 단순히 도덕적인 비난에 그치게 되는지는 시대마다 변할 수밖에 없다는 이야기입니다. 그리고 헌법재판소는 현재 우리 사회에서 교통사고가 가져오는 위험성을 고려했을 때, 안전띠를 착용하지 않는 운전자의 행위를 '범죄'로 규정하여 제재하는 데에 어느 정도 합의가 이루어졌다고 보는 것이죠.

혜온 좌석 안전띠를 매지 않은 운전자에 대하여 '벌금'을 부과하고, '범죄행위'로 여겨 제재하는 것이 지금의 시대 상황, 공간, 사회구성원들의 의식 등에 비추어 보았을 때 과도한 것 같아요.
특히 좌석 안전띠를 착용하지 않은 운전자에 대한 제재와 관련하여서는 도로교통법에서 '범칙행위의 처리에 관한 특례' 조항을 두어서 실제로는 벌금이 아닌 '범칙금'을 부과하도록 하고 있어요.[61] 이러한 조항은 문제점을 스스로 인식하고 있다는 방증이 아닐까요?

---

60) 위 헌재 결정문 203쪽 참조.

61) 도로교통법 제162조 이하는 범칙행위의 처리에 관한 특례 조항을 마련하였는데, 이에 따르면 좌석 안전띠 미착용을 위반한 운전자에 대하여는 범칙행위별 범칙금 기준에 의하여 범칙금 통고처분을 함으로써 형사처벌을 대신하고 있다. 이러한 범칙금에 관한 규정은 경범죄처벌법이나 도로교통법 등 일상생활에서 흔히 일어나는 경미한 범죄행위에 대하여 벌칙의 집행을 간편하게 하기 위해 개별법에 규정한 집행상의 특례이다.

침해되는 사익과 달성되는 공익의 줄다리기

유 교수 반대 측은 안전띠 착용과 운전자에 대해서만 생각하고 있어요. 하지만 좌석 안전띠로 운전자만이 보호받는 것일까요? 좌석 안전띠 착용은 운전자의 사망 확률과 부상 정도를 낮출 뿐만 아니라 운전자와 동승자와의 충돌을 방지하고, 운전자가 차 밖으로 튕겨 나가는 것을 막아서 운전자 본인은 물론 동승자의 피해나 다른 차량과의 2차 사고로 인한 피해도 감소시키는 효과가 있습니다.

또 사회 전체적으로는 구조, 의료, 요양, 간호에 드는 비용의 지출을 감소시켜 보험금 지급액을 낮추고, 결국 보험가입자의 보험료 부담을 줄이는 효과를 가져오게 됩니다.[62] 좌석 안전띠 착용은 단순히 운전자 개인이 아니라 공동체 전체가 누릴 수 있는 공익을 가져다주는 것입니다.

혜온 하지만 찬성 측이 주장하는 공익이란 것은 어디까지나 '사고'를 전제로 한 공익입니다. 사고가 발생하지 않을 경우, 안전띠 착용으로 인한 공익은 존재하지 않습니다. 다만 계속 안전띠를 착용하고 싶지 않은 개인의 사익이 침해될 뿐이지요.

발생하지 않은 장래의 위험이 아무리 크더라도, 현재 침해되고 있

62) 위 헌재 결정문 200-202쪽 참조.

는 사익이 분명하다면 이러한 제도가 법익의 균형을 이루었다고 보기는 어려울 것으로 보입니다.

공익과 사익 사이에서

유 교수 　　와! 혜온이의 주장이 만만치 않은데?

혜온 　　헤헤. 제가 생각해도 실력이 좀 는 것 같아요! 특히 교수님이 가르쳐 주신 '비례의 원칙'에 따라 생각하고 토론하는 연습을 좀 해 봤거든요.
아, 참 그런데, 교수님. 그렇다면 결국 좌석 안전띠는 전적으로 '후견주의'적인 입장에서 도입한 제도인 것 같지도 않은 걸요? 결과적으로는 '타인'을 위한 제도이기도 하잖아요.

유 교수 　　그래. 헌법재판소 역시 좌석 안전띠를 착용하는 것은 결국은 '자신의 이익'에만 관련된 것이 아니라 '다른 사람과 사회공동체 전체의 이익'과도 관련된 것이라고 보았단다.
우리 헌법 질서가 예정하는 인간상은 "자신이 스스로 선택한 인생관, 사회관을 바탕으로 사회공동체 안에서 각자의 생활을 자신의 책임 아래 스스로 결정하고 형성하는 성숙한 민주시민"인데, 이러한 존재는 결국 공동체에 관련되어 있지만 그렇다고 공동체로 인해 자신의 고유가치를 훼손당하지 아니하는, 바로 '개인과 공동체

의 상호연관 속에서 균형을 잡고 있는 인격체'야.[63]

혜온 음… 많이 어려운 걸요? 공동체에 관련되어 있지만 그렇다고 공동체로 인해 자신의 고유가치를 훼손당하지는 않는 개인이라니! 뭔가 멋있기도 하고요?

유 교수 하하. 그래, 혜온아. 이러한 '성숙한 민주시민'의 무게를 혜온이가 잘 감당해 나갈 수 있도록 내가 언제나 응원해 주마!

혜온 네, 교수님. 음… 결국, 좌석 안전띠라는 제도는 개인의 자유를 제한하기는 하지만, 그래도 결국은 그로 인해 공동체 모두가 얻게 되는 공익이 크다는 게 헌법재판소의 판단이었군요?

유 교수 그래. 좌석 안전띠에 대해서는 모든 헌법재판관이 일치하여 헌법에 따라 '정당하다'고 판단을 내렸단다. 혜온이 네 생각도 그런 것 같은데?

혜온 네, 교수님. '성숙한 민주시민'으로서 동의하지 않을 수가 없는 걸요?

---

63) 위 헌재 결정문 200쪽 참조. 표현은 의미를 훼손하지 않는 선에서 조금 수정.

유 교수 그래? 하하. 그래도 난 좌석 안전띠를 매지 않고 운전할 자유가 가끔 그립기도 한 걸?

Chapter 7

군 가산점 제도

군대 갔다 오니 성적이 올랐어요

A는 공무원 시험을 준비 중인 소위 '공시생' 여성이다. IMF 직후에 취업 시장에서 공무원의 인기가 치솟자, 공무원 시험 합격선은 95점을 넘어섰고 A는 필기시험 성적이 94점으로 상위 5%에 드는데도 시험에 낙방하고 말았다. 반면 A의 친구 B는 작년에 군을 전역한 후 필기시험에서 91점을 받았지만 군 가산점 5점을 받아서 합격할 수 있었다.

생각해보기

1. A는 헌법상 어떤 권리를 침해당하고 있는가?
2. B의 군 복무에 대해서는 보상이 필요한가?
3. 만일 군 가산점이 공무원 시험의 합격에 미치는 영향이 적다면 군 가산점제는 허용될 수 있는가?

헌법

제39조

① 모든 국민은 법률이 정하는 바에 의하여 국방의 의무를 진다.

② 누구든지 병역의무의 이행으로 인하여 불이익한 처우를 받지 아니한다.

혜온 형식 오빠. 아무리 그래도 여성인 저에게 군 가산점 제도 찬성 측 의견을 내라니 너무해요.

예린 본래 토론 수업에서는 평소 자기 입장은 별로 중요하지 않아. 부여 받은 상황에 따라서 논리를 펴고 대안을 제시하게 되어 있어. 그게 자기 소신과 배치된다고 해도 말이지.

형식 그걸 유식한 말로 **악마의 변호사**(Advocatus Diaboli) 혹은 **악마의 대변인**이라고 하는데, 토론 수업뿐만 아니라 실제로 재판을 준비하면서도 상대방의 논점을 예상해 보고 그에 대한 방어를 공고하게 하려고 악마의 변호사 역할을 해 보는 게 효과적일 수 있어.

혜온 호오. 그렇단 말이죠? 그렇다면 온 힘을 다해서 제대군인의 입장을 변호해 보도록 하겠습니다!

IMF 시대 공무원시험, 군 가산점제 논란의 시작

형식 사실 군 가산점제는 1960년대부터[64] 존재해 왔지만 한동안은 아무런 의문도 없이 받아들여졌던 것이 사실이야. 당시 공무원은 봉급이 적어서 지금처럼 선망 받는 직업이 아니었거든. 게다가 1989년까지는 남녀를 따로 채용했기 때문에 여성의 비율은 공무원 정원의 10%밖에 되지 않았고 여성은 남성과 직접 경쟁하지 않았어. 물론 대부분의 남성은 군 가산점을 받아서 문제의식이 없었지.

혜온 남성이라도 모두가 군대에 가는 것은 아니잖아요. 장애 등의 이유로 군 가산점을 받을 수 없는 남성도 군 가산점에 문제의식을 느끼지 않았나요?

형식 맞아. 그래서 장애인 남성은 이후 군 가산점제도 문제에서 여성과 협력하게 되지. 1999년 군 가산점제 위헌을 이끌어낸 헌법재판소 심판[65]의 청구인 중에도 장애인 남성이 있고. 그리고 1989년 이후 공무원의 성별 분리채용 정책이 폐지되면서 민간기업보다 성차별이 덜하고 근무조건이 좋은 공무원에 관심이

---

64) 1961년 '군사원호대상자 임용법' 제5조가 시초.

65) 제대군인지원에 관한 법률 제8조 제1항 등 위헌확인 사건(1999. 12. 23. 선고, 98헌마363 전원재판부).

크게 늘고 IMF 구제금융 이후로 안정적인 직장이라고 할 수 있는 공무원의 인기가 폭발적으로 치솟으면서 군 가산점의 문제점이 표면화되기 시작했어.

예린 공무원 시험에 응시하는 인원은 많은데 시험의 변별력이 떨어져서 합격 합격선이 무척 높았다고 들었어요. 합격선이 80점이 넘는데[66] 제대군인의 경우에는 5점 또는 3점[67]의 추가 가산점을 받으니 당락에 결정적이라고 할 수 있었다면서요.

형식 사실 여성계는 IMF 구제금융 이전인 1994년에 이미 군 가산점제 폐지를 대대적으로 청원한 적이 있었지만 폐지되지 않았어. 그리고 1999년에 이르러 공무원 시험에 응시한 여성과 장애인 남성이 헌법재판소에 위헌법률 심판을 청구하기에 이른 것이지.
좋아, 배경 설명은 이만하면 충분한 것 같으니 본격적인 토론에 들어가 보도록 할까? 첫 라운드 주제는, **'병역의무는 보상이 필요한가?'**야. 먼저 군 가산점제도 반대 측인 예린이부터 말해 보자.

---

66) 1998년 7급 일반행정직의 합격선은 남성이 86.42점, 여성이 85.28점, 9급 일반행정직의 합격선 95.50점, 위 헌재 결정.

67) 2년 이상 복무 군인 5%(표준점수 100점 환산 시 5점), 2년 미만 복무 군인, 공익근무요원 3%(표준점수 100점 환산 시 3점).

병역의무에 보상이 필요한가?

예린 병역의무는 국방의 의무의 하나로 국민의 안전과 보호를 위해서 국가가 국민에게 당연히 요구할 수 있는 것입니다. 따라서 병역의무에 대한 보상이 필요하지 않다고 생각합니다. 헌법재판소도 '입법자가 군 가산점제도와 같은 법률을 제정하여 제대군인을 지원해야 할 행위 의무나 보호 의무는 없다'고 판결하였습니다.

혜온 일단 병역의 의무는 모든 국민이 부담하는 것이 아니라 신체조건을 만족하는 남성만이 부담하는 의무이고, 그 외의 국민은 병역의무자들의 의무이행으로 인한 혜택만을 누리고 있습니다. 제대군인은 병역의무의 이행으로 인하여 취업과 사회복귀에 있어서 불리한 처지에 놓이게 되므로 특별한 희생을 하고 있다고 볼 수 있습니다. 따라서 이에 대해서는 보상이 필요합니다.
또한, 전세계적으로 징병제 국가보다 국민이 병역의 의무를 부담하지 않는 모병제 국가가 더 다수인 점을 고려하면,[68] 병역은 국가가 국민에게 의심의 여지없이 당연히 요구할 수 있는 의무라고 말하기 어렵습니다.
또한, 앞서 언급된 헌법재판소의 판례는 국가가 군 가산점제도라

---

68) 2014년 기준 모병제 국가 88개국, 징병제 국가 64개국.

는 형태로 보상해야 할 의무가 없다는 뜻일 뿐이지, 보상 자체가 필요 없다는 의미로 볼 수는 없습니다.

형식 일단은 보상은 필요하다는 전제로 토론을 계속해 보기로 하자. 군 가산점제도에 대해서는 제대군인, 여성, 병역면제자 모두가 평등권 침해를 문제 삼을 수 있으니까. 다음 라운드는 '군 가산점제도는 평등한 보상일까?'야. 이번에는 찬성 측이 먼저 해 볼까?

군 가산점제도는 평등한 보상인가?

혜온 저는 군 가산점제도가 평등권을 침해하는 보상이 아니라 평등하게 만드는 보상이고, 평등하게 만드는 보상이 곧 평등한 보상이라고 생각합니다. 제대군인은 군 복무 기간 동안 취업 준비를 할 수 없는 만큼 그 보상도 취업과 관련해서 손해를 만회할 수 있어야 평등한 보상이라고 할 수 있습니다. 그런 의미에서 공무원 시험에 있어서 군 가산점제도는 제대군인과 그렇지 않은 사람을 평등하게 만드는 보상임이 확실합니다.
또한, 군 가산점제도는 군 복무에 대한 거의 유일한 보상입니다. 군 가산점제도가 폐지된 이후로 다른 보상방법이 마련되지 않았는데 이것은 제대군인에 대한 보상을 포기한 것과 같습니다. 다른 적절한 보상방법이 없는 상태에서 아무런 대안 없이 군 가산점제도를 없애 버렸기 때문에 제대군인들 입장에서는 납득하기 어려운 것입니다.

예린 평등하게 만드는 보상이 평등한 보상이라는 주장에 동의합니다. 그렇지만 평등을 넘어 유리하게 만드는 보상이어서는 안 됩니다. 일단 군 가산점제도가 시행되던 당시의 공무원 시험은 합격선이 너무 높아서 군 가산점을 받지 않은 사람은 현실적으로 도저히 공무원 시험에 합격할 수 없는 상황이었습니다. 즉, 개인이 아무리 노력을 해도 제대군인만이 공무원이 될 수 있는 상태였던 것이죠.
제대군인에게 보상하는 것은 좋습니다. 그러나 그 보상이 비제대군인의 공무원이 될 수 있는 권리(공무담임권)를 완전히 막는 결과를 가져온다면, 적어도 공무원 시험에서는 오히려 비제대군인을 차별하여 제대군인을 절대적으로 유리하게 만드는 제도라고 할 수 있습니다. 군 복무로 인한 불리함을 만회시켜 주는 수준이 아니고요.
또한, 이 제도를 통해서 공무원의 꿈이 절대적으로 좌절되는 사람들이 누구입니까? 병역의무를 부담하지 않는 여성이나, 남성 중에서도 병역 신체검사를 통과할 수 없는 장애인 아니겠습니까? 제대군인의 희생을 보상하기 위해 특별한 보호를 해야 하는 사회적 약자들을 오히려 희생시키는 것은 결코 허용될 수 없습니다.
마지막으로 평등한 보상이란 희생자 모두에게 행하는 보상이어야 한다고 생각합니다. 그러나 군 가산점제도는 제대군인 중에서 공무원 시험에 응시한 사람만이 혜택을 받을 수 있는 제도입니다. 아주 소수의 제대군인에게만 보상하므로 공무원 시험에 응시하지 않는 대부분의 제대군인 입장에서도 평등한 보상이라고 할 수 없습니다.

형식 1997년 IMF 구제금융 이후에는 정말 공무원의 인기가 하늘 높은 줄 모르고 올라서 공무원 시험의 합격선이 군 가산점을 받지 않는다면 시험을 만점 받아도 합격할 수 없는 수준이었어. 최근에 군 가산점제 부활을 주장하는 사람들은 헌법재판소가 그런 현실을 고려해서 위헌을 결정한 것일 뿐 군 가산점제도 자체가 허용될 수 없는 것은 아니라고 주장하기도 해. 이에 대해서는 어떻게 생각하는지도 좀 들어볼까?

혜온 군 가산점을 전보다 낮게 조정한다면 군 가산점이 공무원시험의 당락에 끼치는 영향력이 전처럼 절대적이지는 않을 것입니다. 그렇다면 헌법재판소도 과거의 군 가산점제도와는 달리 합헌으로 판단할 가능성도 있습니다.

그리고 여성과 장애인을 차별한다는 주장에 대해서는, 군 가산점제도는 제대군인에 대한 보상을 목적으로 하는 제도이지 여성과 장애인을 차별하려는 데 그 목적이 있다고 할 수는 없습니다.

또한, 보상이 아주 일부 사람에게만 이루어지므로 평등한 보상이 아니라는 주장에 대해서는, 혜택을 받을 가능성 자체는 제대군인 모두에게 주어지는 것이니 일부에 대한 혜택이라고만은 할 수 없고, 일부에게라도 혜택이 돌아갈 수 있다면 보상을 전혀 하지 않는 것보다는 더 낫다고 할 수 있습니다. 그리고 평등이 문제된다면 군 가산점제도를 공무원 시험뿐만 아니라 다른 취업 기회에도 확대하는 것이 맞지, 그나마 있는 보상을 없앤다고 해서 평등해지는 것은 아니라고 봅니다.

예린 이거 바로 반박해도 되는 거죠? 첫째, 이미 사라진 군 가산점제도에 왜 그리 집착을 하는지는 모르겠으나, 여성과 장애인의 공무담임권에 피해를 끼치지 않는 다른 보상 수단이 있음에도 불구하고 굳이 그 같은 보상 수단을 고집하는 것은 비례의 원칙 중 침해의 최소성에 반하는 것이므로 타당하지 않습니다.
둘째, '차별하려는 목적'이 없다고 하더라도 '차별의 효과'가 발생한다면 비제대군인, 특히 여성과 장애인에 대한 차별은 존재하는 것입니다. 이에 대해서는 헌법재판소도 국가유공자가산점 사건에서 이미 밝힌 적이 있고요.
셋째, 보상하려면 모든 제대군인에게 혜택이 돌아갈 수 있는 보상을 하는 것이 평등한 보상이라는 것이지, 어떤 보상이라도 모두에게 혜택이 돌아가기만 하면 된다는 의미가 아닙니다. 군 가산점제도가 공무원시험뿐만 아니라 다른 취업 기회에도 확대된다면 오히려 여성과 장애인의 희생을 심화시킬 뿐입니다. 사회적 약자인 여성과 장애인의 희생에 기초한 보상이 이루어져서는 안 될 일입니다.

형식 보상이 여성과 장애인의 희생에 기초해서는 안 된다는 주장은 중요한 사항인 것 같아. 그럼 다음 라운드에서는 '병역 의무에 대한 적절한 보상수단이 무엇인가?'에 대해서 토론해 보기로 할까?

병역 의무에 대한 적절한 보상수단은 무엇인가?

혜온 미국의 경우에는 군 가산점제 외에도 융자나 학자금 지원 제도를 시행하고 있고, 독일은 복무 중 직업교육의 기회를 주거나 전역 후 직업 교육비를 지급하는데 이러한 방법은 군 가산점제도를 통해서 이루려는 취업 기회의 실질적 평등에 기여할 수 있다고 생각합니다. 특히 대만처럼 군 복무 기간을 호봉으로 인정해 주는 제도는 우리도 쉽게 실시할 수 있지 않을까 생각합니다.

예린 일단 병역 의무가 희생되는 이유는 징병제이기 때문에 개인이 병역의무를 선택할 수 없다는 점이 첫째고, 병역 의무 이행 시에 받는 봉급이 말도 안 되게 낮은 수준이라는 점이 둘째가 아닌가 생각합니다. 따라서 장기적으로 징병제를 모병제로 전환하는 것이 가장 근본적인 해법이라 할 수 있고요. 최소한 독일처럼 군인의 봉급을 현실화하거나 전역수당을 지급하는 방법도 고려해야 합니다. 연금 형태로 지급하는 것도 생각해 볼 수 있고요. 금전 보상의 장점은 역시 군 가산점제와 같이 여성이나 장애인을 희생시키는 부작용이 없다는 점을 꼽을 수 있겠습니다.

형식 징병제를 모병제로 전환하기 위해서는 현실적인 안보환경의 변화가 필요할 거야. 남과 북 양측이 군축을 합의한다든가… 당장 실현하기 쉬운 일은 아니지.
그리고 병역의무에 대한 보상의 형태는 금전 보상이 제일 무난하고 제대군인 모두가 다 혜택을 받을 수 있는 면이 있지만, 재정이 충분하지 않다는 점이 문제지. 재정이 부족하면 결국 다른 복지 예산과 경쟁할 수밖에 없는데, 이것 역시 다른 사회적 약자에 대한 지원이 약화하는 결과를 가져올 수 있거든. 그런데 예린이는 군복무기간을 호봉으로 인정해 주는 것에 대해서는 어떻게 생각해?

예린 병역의무를 이행하는 남성 모두가 군 복무 기간 동안 호봉을 인정받을 수 있을 정도로 충실하게 복무하는 것 같지는 않아요. 약간 도피성으로 군에 입대하는 경우도 있는 것 같고요. 게다가, 일단 반대가 심할 것 같아서 그냥 넘어간 측면이 있지만, 여성들은 남성이 군에서 희생만 하는 것이 아니라 얻는 것도 일부 있다고 생각하거든요. 거기에 더해서 호봉을 인정해 준다는 게 좀….

혜온 하지만 일반인이 회사에서 근무하는 경우에도 모든 사람이 그 직장에 충실해서 호봉을 인정받는 건 아니지 않을까? 호봉은 보상이라기보다는 경력 인정에 가까운 제도니까. 다만 자영업자라면 호봉인정제도의 혜택을 받을 수 없으니까 그런 사람들에게는 평등한 보상이라 하기 어렵다고 할 수 있겠지.

예린 혜온이 말도 일리가 있는 것 같아요. 호봉인정제도가 충분한 보상이 될지는 잘 모르겠지만 충분치 않다면 전역수당 같은 금전적인 보상제도를 재정여건에 따라서 단계적으로 실시할 수밖에 없겠네요. 형식 오빠 말처럼 다른 사회적 약자의 희생 문제도 간과할 순 없으니까요.

혜온 평등한 보상은 못되지만, 직장인에게는 호봉인정제도, 학생에게는 학자금 대출제도, 이런 식으로 맞춤형 보상책을 갖추는 것도 괜찮을 것 같아요.

형식 그래그래. 이만하면 토론대회도 어렵지 않겠지?

혜온 물론이죠! 승전보를 기대하시라고요.

유교수의

5분 강의

유교수의 5분 강의

저작권의 종류

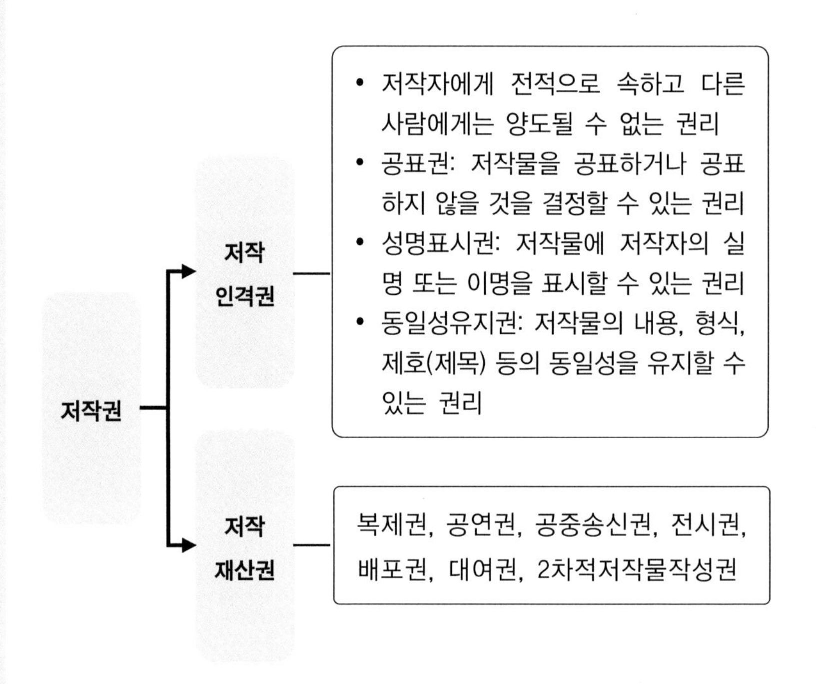

저작권법에서 예시하는 저작물

(1) 소설, 시, 논문, 강연, 연설, 각본 등의 어문저작물, (2) 음악저작물, (3) 연극저작물, (4) 미술저작물, (5) 건축저작물, (6) 사진저작물, (7) 영상저작물, (8) 지도, 도표, 설계도, 모형 등의 도

형저작물, (9) 컴퓨터프로그램 저작물, (10) 2차적저작물(저작물의 번역, 편곡, 변형, 각색, 영상제작, 그 밖의 방법으로 다시 창작한 창작물)

저작권 보호의 예외

(1) 헌법, 법률 같은 법령들이나 (2) 국가나 지방자치단체의 고시, 공고, 훈령 (3) 법원의 판결 등은 완벽한 공공저작물로 인식하여 저작권의 보호에서 제외 (4) 위 (1)~(3)의 저작물들을 국가 또는 지방자치단체가 편집하거나 번역한 편집물 또는 번역물 (5) 단순히 '사실의 전달에 불과한 시사보도'[69]

---

69) 신문기사라도 '간결'하고 '정형적'인 표현을 넘어서 기자의 독창적이고 개성 있는 표현이 담긴 기사는 저작권의 보호대상에 포함되므로, 사실상 '부고기사' 같은 정형적인 보도 이외에 일반인들이 접하는 대부분의 신문기사나 보도는 저작권의 보호대상에 포함된다.

Chapter 8

저작권 I

Copyright, Copyleft?

저작권법

제1조(목적)

이 법은 저작자의 권리와 이에 인접하는 권리를 보호하고 저작물의 공정한 이용을 도모함으로써 문화 및 관련 산업의 향상 발전에 이바지함을 목적으로 한다.

저작권법 개정을 위한 대담 토론회

안녕하십니까.

저작권법 개정을 위한 대담 토론회에 참석해 주신 것을 감사드립니다. 저는 오늘 토론회의 사회를 맡은 서초대학의 김○○이라고 합니다. 먼저 대담 및 토론자로 나오신 두 분을 소개하겠습니다. 제 오른쪽에 계신 분은 한국저작권보호연합의 이사로 계신 강○○ 변호사이시고, 왼쪽에는 한국대학 법학전문대학원의 유○○ 교수가 나오셨습니다. 토론에 참여해 주신 두 분께 감사드립니다.

먼저 본 대담 토론회를 열게 된 배경을 말씀드리겠습니다. 우리나라는 지난 2008년까지 약 20년간 미국무역대표부가 지정하는 지식재산권 침해 감시대상국으로 분류됐습니다. 그러나 2009년부터는 계속 제외되고 있고, 오히려 미국무역대표부로부터 '지식재산권 보호 및 집행에서 최고 수준의 기준을 갖춘 국가'로 인정되어 저작권 보호와 관련한 국제적 신뢰도가 높아지고 있습니다.[70] 하지만 최근 몇 년간 저작권 침해를 이유로 청소년들에게 합의금을 요구하며 고소하는 사례가 증가하여 사회적인 쟁점이 되기도 했고, 저작권의 과도한 보호가 이용권을 지나치게 위축시켜 오히려 창작의욕을 꺾는다는 비판이 있는 것도 사실입니다.
따라서 저작권법 제1조가 천명하고 있듯이 어떻게 하면 저작자의 권리를 효과적으로 보호하고 저작물의 공정한 이용을 도모할 수 있는지 지혜를 모아야 할 때로 보입니다.

사회자 우리가 매일 쉽게 접하고 있는 거의 모든 영상이나 음악, 글, 그림뿐만 아니라 기호, 컴퓨터프로그램까지 모두 누군가에 의해서 창작되고 보호되는 저작물인 셈인데, 먼저 왜 저작자들에게 저작권이라는 권리를 부여하고 이를 보호해야 하는지에 관한 토론이 있어야 할 것 같습니다. 강 변호사님이 먼저 말씀해 주시죠.

강 변호사 저작권의 개념은 15세기에 출판인쇄술의 발전으로 문서의 대량복제가 가능해지면서 인식되기 시작했습니다. 예를 들어 누군가가 남의 책을 훔쳐가서 읽는다면 그 책을 훔친 행위에 대해서는 절도죄로 처벌할 수 있지만, 책을 빌린 후에 책에 담긴 내용을 그대로 복사해서 제목만 다를 뿐 내용은 같은 책을 만들어 판매할 때에는 저작권의 개념 없이는 처벌이 어렵죠. 책이라는 외형적인 물건보다는 그 책 속에 담겨 있는 글이 더 핵심적인 가치

70) 문화체육관광부, 한국저작권위원회, 『2013 저작권 백서』, 2014. 10., 46쪽 참조.

를 가지는 것이므로 '책'이라는 물건에 소유권을 인정하듯이 '글'이라는 저작물에도 저작자에게 소유권과 유사한 권리를 인정해서 그 노력에 대한 정당한 대가를 부여할 필요성이 있는 것입니다.
또한, 저작물을 보호하지 않으면 저작자가 그 대가를 기대할 수 없으니 창작 활동에 소극적으로 될 수밖에 없습니다. 이러한 면에서 저작권은 저작자에게 창작 활동에 전념할 수 있는 동기를 부여하고 궁극적으로는 인류의 다양한 지적 창작물이 생산, 축적될 수 있도록 하는 역할을 한다고 할 수 있습니다.

유 교수 강 변호사님 말씀대로, 일반적으로 저작권을 보호하지 않으면 창작 활동이 위축되어 문화 발전을 저해한다는 확고한 믿음이 있고, 이러한 믿음은 늘 저작권을 강력하게 보호해야 한다는 근거로 제시되고 있습니다.
그런데 과연 저작권을 강하게 보호하면 그만큼 창작 활동이 질적으로, 양적으로 풍부해지는 것인지 이제는 한 번쯤 의심해 볼 필요가 있습니다. 왜냐하면, 근거를 알 수 없는 이러한 믿음이 너무나 확고해서 마치 강력한 저작권법을 통과시키기만 하면 왕성한 창작 활동이 이루어지고 일반 대중은 풍부한 창작물의 혜택을 얻으며 찬란한 문화국가를 이룰 수 있을 것처럼 호도하는 경향이 있기 때문입니다. 이것은 저작권법을 좀 더 강력하게 규정하라고 압박하는 수단이 되고 있는 것이 사실입니다.

강 변호사 자본주의 경제하에서 높은 대가가 보장될수록 이를 차지하기 위한 경쟁이 활발해지고 그로 인하여 일정 수준에 이를 때까지는 해당 분야에 질적, 양적인 성장이 이루어질 것으로 예측하는 것은 너무나 당연합니다.
실제로 한국저작권위원회의 '한국의 저작권산업 경제 기여도 조사(2011년 기준)'에 따르면, 우리나라 명목 GDP에서 전체 저작권산업의 부가가치가 차지하는 비중이 9.86% 약 121조 원인데, 2008년에서 2011년까지 저작권산업의 연평균 성장률은 7.3%로 같은 기간 실질 GDP 성장률인 3.8%를 2배 가까이 웃돕니다. 이러한 수치로 보아도 저작권의 강화가 창작물의 생산을 증가시킨다는 믿음에 근거가 없는 것이 아닙니다.

유 교수 저 역시 저작권의 보호가 필요 없다고 생각하거나 합리적인 범위 내에서의 저작권 보호를 반대하는 것은 아닙니다. 하지만 저작권의 보호를 강화하는 것이 창작물의 생산을 증가시킨다는 주장에는 동의하기가 어렵습니다.
강 변호사님이 언급하신 저작권산업의 성장률에 관한 조사는 저작자로부터 저작권을 사들이는 대규모 미디어 회사의 매출이 국내총생산에 기여하는 비율을 조사한 것일 텐데요. 이러한 수치로는 창작자들에게 어느 정도의 인센티브를 제공했는지 그 영향이 어떠했는지를 설명해 줄 수 없습니다.
이러한 미디어 회사들은 그 수익의 극대화를 위해서 극소수의 잘 팔릴 수 있는 창작물만 유통될 수 있도록 하는 구조를 유지하고 있으므로 오히려 그에 포함되지 않은 대다수의 많은 창작자에게는 또 다른 진입장벽이 될 수도 있습니다.
사실 '모방은 창조의 어머니'라는 말도 있듯이 창작물의 증가라는 측면에서만 본다면 지식이나 정보를 독점하도록 보호하는 것보다는 널리 공유하도록 하는 것이 훨씬 효과적인 방법이죠. 지금처럼 대중의 저작물 이용권을 강력히 제한하는 방식의 저작권 보호는 창작을 유인하는 것이 아닙니다. 창작을 유인하기 위해서는 저작권법이 극소수의 스타 저작자만이 아니라 대다수의 힘없는 저작자들의 실질적인 이익을 보호할 수 있도록 운용시스템을 제대로 갖추는 것이 중요합니다.

사회자 **들어보니 유 교수님은 지적 창작물이 넓게 공유되어야 한다는 의견이신데, 저작권을 의미하는 카피라이트(Copyright)에 반대되는 개념인 소위 카피레프트(Copyleft)의 입장을 지지하시는 건가요?**

유 교수 카피레프트(Copyleft)란, 소프트웨어를 자유롭게 이용한다는 의미로 프리웨어(Freeware)라고도 하는데, 컴퓨터프로그래머인 리처드 스톨먼(Richard Matthew Stallman)이 창안한 개념이죠.
스톨먼이 MIT에서 소프트웨어를 연구할 당시인 1970년대만 해도 소프트웨어의 공유가 자유로웠고 연구 그룹들은 아무런 제약 없이 정보를 공유했다고 합니다. 그 덕분에 다양하고 폭넓은 연구가 이루어져 단기간에 지식과 기술이 축적된 것이죠. 그러나 1980년대

들어서 소프트웨어에 대한 소유와 독점을 규정하는 법률에 의해 이 같은 분위기가 사라졌고, 지적 소유권은 오히려 정보의 교류를 차단하는 걸림돌이 되었던 것입니다. 이에 스톨먼은 마이크로소프트(MS)와 같은 소프트웨어 소유자들이 돈벌이를 위해 높은 장벽을 쌓기 시작했다고 비판하며 소프트웨어 개발 초기의 왕성했던 상호협력의 정신이 필요하다고 주장했습니다.

이후 이를 지지하는 사람들은 카피레프트의 표시로 카피라이트의 표시인 '©'의 좌우대칭 모양을 한 '🄯' 표시를 논문 등의 저작물 끝에 붙이고 있습니다.

제 개인적인 입장은, 앞에서도 말씀드렸지만, 저작권 제도 자체를 반대하지는 않습니다. 저작자에게는 당연히 정당한 대가가 지급되어야죠.

그러나 저작권 제도가 지금처럼 창작물에 대한 거의 모든 형태의 접근과 이용을 제한하고 소수의 창작자가 완벽하게 그것도 너무나 오랫동안 지식과 정보를 독점하도록 보호해서 소수의 창작자의 돈벌이를 위한 수단으로만 기능하는 것은 바람직하지 않다는 것입니다.

사실 어떠한 지식이나 창작물도 그 이전의 지식과 정보에 기반을 두지 않는 것이 없지 않습니까? 그렇게 보면 대부분의 지적 생산물은 어느 정도 공공재의 성격을 띠고 있다고 봐야죠. 그렇다면 창작자에게 대가는 지급되더라도 그 지식과 정보는 공유되어야 하는 것이 타당할 것입니다.

강 변호사 유 교수님 주장에 대하여 저도 한 말씀 드리면, 물건에 대한 소유자가 그 물건을 이용하고 처분하면서 배타적이고 절대적인 소유권을 가지듯이 지적재산에 관하여도 저작자에게 독점적이고 배타적인 권리를 인정하고 이를 보호하는 것은 너무나 당연하다고 생각합니다.
저작권의 보호를 받는 저작물은 '인간의 사상 또는 감정을 표현한 창작물'이어야 하고 이는 개념적으로 '독창성'을 전제로 하므로 이를 공공재로 치부할 수도 없죠. 따라서 저작물에 관한 공중의 자유로운 이용을 논하기 전에 저작권의 보호가 먼저 전제되어야 합니다.

사회자 그러면 말이 나온 김에 본격적으로 오늘 토론의 핵심적인 논점으로 들어가야겠네요. 저작물에 대한 저작자의 권리와 저작물을 이용하고자 하는 이용자의 권리는 어떠한 범위 내에서 어떻게 조화를 이루어야 할까요? 우리나라 저작권법에서는 어떻게 되어 있나요?

강 변호사 현재 우리나라 저작권법에서도 일정한 경우 저작자의 권리를 일부 제한해서 저작자의 동의 없이도 저작물을 이용할 수 있도록 규정하고 있습니다.

이 중 일반인들에게 모두 적용되는 것만 몇 가지 말씀드리면,
(1) 공표된 저작물은 보도 · 비평 · 교육 · 연구 등을 위해서는 정당

한 범위 안에서 공정한 관행에 합치되게 이를 인용할 수 있고요(제28조).

(2) 영리를 목적으로 하지 않고 청중이나 관중으로부터 어떤 명목으로든지 반대급부를 받지 않는 경우에는 공표된 저작물을 공연하거나 방송할 수도 있습니다(제29조).

(3) 또한 사적 이용을 위한 복제가 가능한데요. 공표된 저작물을 영리를 목적으로 하지 않고 개인적으로 이용하거나 가정이나 이에 준하는 한정된 범위 안에서 이용하는 경우에는 저작물을 복제할 수 있습니다(제30조).

(4) 그 외에 국가 또는 지방자치단체가 작성하거나 소유한 공공저작물도 허락 없이 이용할 수 있게 되어 있습니다.[71]

사회자 강 변호사님 설명을 들어보니 일반인들이 저작자의 허락 없이 저작물을 이용할 수 있는 상황에는 공통으로 '영리를 목적으로 하지 않는 경우'라는 전제가 들어 있는데요. 그러면 예를 들어, 영리를 목적으로 하지 않고 개인적으로 운영하는 블로그나 인터넷 카페 등에 신문기사나 다른 사람이 찍은 사진 등을 올리는 것은 저작권법 위반이 아닌가요? 요즘 영화평을 목적으로 하는 블로그도 많은데 그런 경우는 또 어떤가요?

유 교수 영리를 목적으로 하지 않고 개인적으로 이용하는 경

71) 저작권법 제23조~제24조의2.

우에는 저작물을 복제할 수 있다고 하니까 개인 블로그나 친목 카페 등에 올리는 건 괜찮겠지 하고 오해할 수 있습니다.

하지만 그렇지 않습니다. 흔히 개인 블로그나 인터넷 카페 등은 온라인상에서 여러 사람이 볼 수 있도록 열린 공간이고 개인 공간이 아니기 때문입니다.

또한, 다른 사람의 저작물을 블로그 등에 게시하는 행위는 '복제' 뿐만 아니라 '전송'하는 행위에도 해당해서 현재의 저작권법 아래에서는 이래저래 저작권 침해가 되는 것입니다. 신문기사나 사진을 블로그에 올려놓고 '출처를 표시하면 괜찮겠지' 하고 생각할 수도 있지만, 출처 표시를 하더라도 여전히 저작권 침해에 해당합니다.

다만 영화비평 블로그를 운영하는 사람이 블로그에 자신이 감상한 영화에 대한 감상 글을 작성하면서 영화 스틸사진을 올리는 경우에는 비평을 위해 그 영화의 장면을 '인용'하는 것이니까, 강 변호사님이 앞에서 언급하신 저작권법 제28조의 정당한 범위 안에서의 인용에 해당하여 굳이 영화제작사의 동의를 받지 않더라도 이용할 수 있는 것입니다. 물론 정당한 범위 안에서 공정한 관행에 합치되게 이용한다는 전제에서 말이죠.

결국, 현재의 저작권 제도하에서는 아무리 영리를 목적으로 하지 않는다고 하여도 다른 사람의 저작물을 허락 없이 이용할 수 있는 경우는 너무나 제한적입니다. 그래서 이용권이 더욱 더 확대되어야 한다고 주장하는 것이죠.

강 변호사 현행 저작권법상으로도 이용권은 이미 많이 확대되어 있습니다. 한 가지 예를 들면, 전에 어떤 분이 다섯 살 된 딸아이가 손담비의 '미쳤어'라는 노래를 부르면서 춤을 추는 모습을 약 50초 정도 동영상으로 찍어서 네이버 블로그에 올렸는데, 한국음악저작권협회[72]가 이를 저작권 침해라고 주장한 사건이 있었죠. 협회는 네이버 사이트를 운영하는 NHN에 동영상 게시를 중단시킬 것을 요구했고 NHN은 이 동영상의 게시를 중단시킨 적이 있습니다. 그런데 이 아이의 부모가 한국음악저작권협회와 NHN을 상대로 소송을 제기했고 그 결과 부모가 승소했습니다. 이 일은 한때 '미쳤어' 사건이라고 언론을 뜨겁게 장식했습니다. 이 소송의 판결을 한 번 들여다볼 필요가 있습니다.[73]
당시 재판부는 위 동영상 게시 행위가 저작물의 복제와 전송은 맞지만, 저작권법 제28조 "**공표된 저작물은 보도 · 비평 · 교육 · 연구 등을 위하여는 정당한 범위 안에서 공정한 관행에 합치되게 이를 인용할 수 있다**"는 조항에 해당하여 저작권 침해가 아니라고 판시하였습니다.
그 판결 이유를 살펴보면 이렇습니다.

1. 제28조의 보도 · 비평 · 교육 · 연구 등은 열거가 아니라 예시이므로 그 외의 목적을 위한 인용이 가능하다.

---

72) 정식 명칭은 '사단법인 한국음악저작권협회'. 음악저작권 신탁관리단체임.
73) 서울고등법원 2010. 10. 13. 선고 2010나35260 판결.

2. 위 동영상의 주된 내용은 어린 딸이 귀엽고 깜찍하게 가수 손담비의 춤 동작을 흉내 내는 것이고, 이를 위하여 이 사건 저작물의 일부가 반주도 없이 불완전한 가창의 방법으로 인용되었다.
3. 이처럼 인용된 저작물의 양은 전체 74마디 중 7~8마디에 불과하므로 인용의 목적에 비추어 필요한 최소한도의 인용으로 보인다.
4. 그나마도 음정, 박자, 가사를 상당히 부정확하게 가창한 것인 데다 녹화 당시 주변 소음으로 인하여 약 53초 분량인 이 사건 동영상 중 초반부 약 15초 정도만 이 사건 저작물을 가창하고 있음을 식별할 수 있다.
5. 따라서 일반 공중의 관념에 비추어 이 사건 동영상이 이 사건 저작물이 주는 감흥을 그대로 전달한다거나 이 사건 저작물에 대한 시장의 수요를 대체한다거나 또는 이 사건 저작물의 가치를 훼손한다고 보기는 어렵다.
6. 이 사건 게시물에 저작물의 실연자를 언급하여 그 출처를 명시하고 있다.

결국, 저작권법 제28조가 인정되는 범위를 넓게 해석한 것인데, 법원의 해석 때문에 공중의 이용권이 확대되고 있는 것이죠.

유 교수 사실 위 판결은 UCC(User Created Contents, 사용자 제작 콘텐츠)를 제작해서 블로그나 SNS에 올리는 일이 이미 일반화되어 있던 당시 수많은 사람들의 게시물들을 살려낸 상당히 고무적인 판결이었습니다.
그런데 가만히 한 번 살펴보면 여전히 좀 섬뜩합니다. 만일 아이가 노래할 때 손담비의 노래를 틀어 놓고 이에 맞춰서 노래했다면, 아이가 음정, 박자, 가사 완벽하게 노래를 엄청 잘했더라면, 노래를 끝까지 불렀는데 주변이 시끄럽지도 않았더라면, 판결이 어떻게 되었을까 하는 것입니다. 저작물에 대한 공중의 이용권이 확대되었다고 기뻐하기에는 너무나 불안한 진전이었던 것이죠.

사회자 **그러면 어떻게 해야 저작자의 권리와 일반 공중의 이용권이 조화될 수 있을까요?**

강 변호사 앞에서 언급한 고등법원 판례는 사실상 미국의 '공정 이용(Fair use)'에 관한 규정을 차용하여 적용한 것으로 생각되는데, 실제로 위 고등법원 판례가 나온 다음 해인 2011년 12월 2일 우리나라 저작권법에도 저작물의 공정 이용에 관한 규정이 법제 35조의3으로 신설되어 사실상 대중의 저작물 이용권을 대폭 강화하였습니다. 위 규정에서 공정 이용을 판단하는 기준은 미국의 공정이용 조항과 거의 유사합니다.

제35조의3(저작물의 공정한 이용)

① 제23조부터 제35조의2까지, 제101조의3부터 제101조의5까지의 경우 외에 저작물의 통상적인 이용 방법과 충돌하지 아니하고 저작자의 정당한 이익을 부당하게 해치지 아니하는 경우에는 보도 · 비평 · 교육 · 연구 등을 위하여 저작물을 이용할 수 있다.

② 저작물 이용 행위가 제1항에 해당하는지를 판단할 때에는 다음 각 호의 사항 등을 고려하여야 한다.

1. 영리성 또는 비영리성 등 이용의 목적 및 성격
2. 저작물의 종류 및 용도
3. 이용된 부분이 저작물 전체에서 차지하는 비중과 그 중요성
4. 저작물의 이용이 그 저작물의 현재 시장 또는 가치나 잠재적인 시장 또는 가치에 미치는 영향

유 교수 저작권법 제35조의3 공정이용 조항으로 인해서 이용자의 이용권이 더욱 확대된 것은 사실입니다. 강 변호사님이 소개하신 '미쳤어' 사건의 판결에 대해서도 과연 동영상에서 노래를 '인용'만 한 것인가 '이용'한 것이 아닌가 하는 의문이 제기되었는데, 이러한 논란은 위 공정이용 조항으로 해결된 것으로 보입니다.

사회자 예, 그렇군요. 그럼 방향을 좀 바꿔서, 아까 유 교수님께서는 "저작권법이 대다수의 힘없는 저작자들의 실질적인 이익을 보호할 수 있도록 운용시스템을 제대로 갖추는 것이 중요하다"고 이야기하셨는데, 일반 공중의 이용권이 아니라 저작자의 저작권을 보호하는 문제니까 그 부분에서는 두 분의 의견이 좀

비슷할 것 같습니다. 어떠신지요?

유 교수 그렇습니다. 사실 지금도 건축공모전 같은 각종 공모전을 할 때 관행적으로 '입상작(또는 응모작)의 저작권은 주최 측에게 귀속된다'라고 약관으로 규정해서 응모자들이 수상하거나 수상하지 못하더라도 저작재산권을 행사할 수 없는 경우가 여전히 많습니다. 소위 '갑을관계'에서 '을'의 입장에 있는 응모자들은 월등히 우월한 '갑'의 지위에 있는 주최 측의 부당한 요구에도 뭐라 한마디 하지 못하고 이를 수용할 수밖에 없죠. 힘의 논리에 따라 저작자들이 보호를 받지 못하는 대표적인 사례입니다.

강 변호사 이러한 관행이 문제가 되어 문화체육관광부에서는 2014년 4월에 '저작권 관련 공모전 가이드라인'을 마련하고 한국저작권위원회에서 설명회를 하기도 했는데, 그 주요 내용은 이렇습니다.

1. 공모전에 출품된 응모작의 저작권은 저작자인 응모자에게 원시적으로 귀속된다.
2. 입상한 응모작에 대해서도 저작재산권의 전체나 일부를 양수하는 것으로 일방적으로 결정하여 알릴 수 없다.
3. 공모전에서 입상한 응모작을 이용하기 위해서는 해당 응모작에 대한 이용허락을 받는 것을 원칙으로 한다. 다만, 이용허락을 받은 경우에도 저작자인 응모자의 권리를 지나치게 침해하여서

는 안 되며, 그에 상응하는 보상을 해야 한다.

그런데도 불구하고, 제가 확인한 바로는, 여러 공모전 안내서에 아직도 전과 같이 '입상작의 저작권은 주최 측에 귀속된다'고 기재하고 있는 경우가 많이 있었습니다. 이러한 조항이 불공정 약관에 해당한다는 것에 대한 지속적인 홍보와 교육이 필요합니다.

사회자 지금은 많이 가라앉았지만, 몇 년 전부터 법무법인 등에서 저작권 위반을 이유로 고소하겠다며 내용증명을 보내고 합의를 요구하는 사례가 폭증하여 문제로 대두된 적이 있습니다. 저작권을 위반한 행위는 잘못이지만 형사고소를 빌미로 학생들에게까지 합의금을 강요하는 것이 그리 바람직해 보이지 않는다는 것이 일반인들의 시선인 것 같습니다. 이에 관해서 어떻게 생각하시는지요? 또 현재 수사기관의 처리방침은 어떻게 되는지요? 강 변호사님이 간단히 답변해 주시기 바랍니다.

강 변호사 저도 변호사라서 그러한 일을 하시는 법무법인 관계자분들의 이야기를 가끔 듣게 되는데요, 그분들의 이야기로는 사실 매우 심각한 수준으로 웹하드나 P2P 사이트에 불법 복제한 저작물을 올리는 소위 '헤비 업로더(Heavy uploader)'들만을 고소대상으로 한다고 합니다. 만일 그렇다면 비록 그 대상이 학생이나 어린 청소년들이라 할지라도 그들의 잘못된 행위를 중단시킬 수 있는 계기는 필요한 것 아닌가 생각합니다.
일부 법무법인들의 고소 남발로 인한 피해를 줄이기 위해 현재 대검찰청에서는 이러한 고소가 제기되면 일정 가이드라인을 두고 있는데요. 전과가 없고 우발적으로 저작권을 침해한 경우 1회에 한하여 조사 없이 '각하처분'을 하거나 우발적이지 않더라도 전과가 없는 경우 일정한 저작권 교육을 이수하면 기소하지 않는 '교육조건부 기소유예처분'을 많이 하고 있습니다.

유 교수 돈을 벌기 위해 불법 복제물을 대량으로 업로드하는 것도 문제지만, 직업적이거나 전문적이지 않은 일반 청소년들을 대상으로 '고소당하지 않으려면 합의금을 내놓으라'고 합의금 장사를 하는 것은 교육적이지도 않을뿐더러 고소의 남발로 인한 사회적 비용을 발생시킨다는 점에서 문제가 있습니다.

사회자 **마지막으로 저작권 보호 또는 저작권 이용의 활성화와 관련해서 하실 말씀이 있으면 해 주시죠.**

강 변호사 불법 복제물을 업로드하는 사람들에 대한 단속도 필요하지만 그러한 불법 복제물이 유통되고 거래되는 인터넷 사이트들에 대한 지속적인 단속이 더 근본적인 해결책입니다. 최근 몇 년 사이에는 한 명의 상대방에게서 자료를 전송받는 '일대일 방식'의 P2P와는 달리 하나의 파일을 인터넷 곳곳에서 여러 명으로부터 조각 형태로 가지고 오는 토렌트(Torrent) 프로그램을 이용한 사이트들이 저작물을 불법 공유하는 대표적인 온라인 매체로 등장했습니다. 기술의 발전에 따른 빠르고 지속적인 단속이 필요합니다.

저작권을 보호해서 그동안 문화와 관련 산업이 상당한 발전을 이루었고, 이것은 모든 노력에 대가를 지급해야 한다는 사회정의의 측면에서도 타당하다는 사실은 누구도 부인할 수 없을 것입니다. 인터넷으로 인해서 다른 저작물에 접근할 기회가 많아진 요즘 시대에 저작권 침해에 대한 철저한 단속과 홍보를 게을리 한다면, 아날로그에서 디지털로 매체와 수단만 바뀌었을 뿐, 예전에 길거리에서 불법 복제한 노래 테이프를 틀어 놓고 마음대로 팔던 그 무법의 시절로 역행하는 것임을 잊지 말아야 합니다.

유 교수 먼저 저작권법은 저작물을 자유롭게 이용할 수 있는 범위를 넓혀 일반 대중의 이용권을 강화하는 방향으로 나아가야 합니다.

2001년 설립된 미국의 비영리단체인 크리에이티브 커먼즈(Creative Commons)는 과도한 지적재산권은 창작물이 공유되는 것을 제한해 창작물이 충분히 활용되지 못하게 막는다며 콘텐츠 공유와 개방을 통해 더 큰 가치를 생산해 낼 수 있다는 것을 주장합니다. 그래서 저작자가 미리 사용 조건을 제시해서 내놓으면 저작권자에게 허락을 받지 않고도 창작물을 사용할 수 있게 하는 오픈 라이선스인 CCL(Creative Commons License)을 만들어 배포하고 있습니다. 콘텐츠 제작자들은 사용조건으로 '출처를 밝혀야 한다', '영리 목적으로 사용할 수 없다', '콘텐츠를 변형해서는 안 된다' 등 자신이 원하는 사용 조건을 달아서 공개할 수 있으며, 콘텐츠에 CCL 마크를 달아서 공유할 수도 있고 판매할 수도 있습니다. 온라인 백과사전인 위키피디아(Wikipedia)가 이러한 CCL 규약을 적용한 대표적인 서비스입니다.

이러한 운동이 저작권 제도의 앞날을 선도하기를 바랍니다.

사회자 이상으로 오늘 토론을 마칩니다. 토론에 참여해 주신 두 분과 경청해 주신 분들께 감사드립니다.

Chapter 9

저작권 Ⅱ

불법 다운로드는 불법이 아니다?

토요일 밤 10시. 혜온이는 오랜만에 집에서 영화를 볼 생각으로 평소에 애용하던 '○○ 파일' 사이트에 접속했다. 보려는 영화는 얼마 전에 극장에서 막을 내려서 그런지 생각보다는 조금 비싼 700원이었다. 혜온이는 대금을 지급하고 집에 있는 PC를 통해 영화를 다운 받아 보았다.

생각해보기

1. 혜온이는 저작권법상 저작권자의 어떠한 권리를 침해한 것인가?
2. 복제한 파일이 명백히 저작권을 침해한 불법 파일인 경우에도 다운 받는 것이 정당한가?
3. 토렌트 프로그램을 이용하는 경우는 어떠한가?

저작권법

제30조(사적이용을 위한 복제)
공표된 저작물을 영리를 목적으로 하지 아니하고 개인적으로 이용하거나 가정 및 이에 준하는 한정된 범위 안에서 이용하는 경우에는 그 이용자는 이를 복제할 수 있다. 다만, 공중의 사용에 제공하기 위하여 설치된 복사기기에 의한 복제는 그러하지 아니하다.

혜온 교수님~ 지난주 토론회 잘 들었어요. 교수님이 훨씬 더 잘 하시는 것 같던데요?

유 교수 그런데 토론 내용이 좀 이해가 됐니? 아무래도 법률 용어들이 많이 나와서 혜온이가 이해하기에는 쉽지 않았을 것 같은데….

혜온 잘 몰라도 왠지 교수님 말씀이 다 맞는 것 같았어요.

유 교수 그래, 혜온이 밖에 없다. 그럼 오늘은 지난주 토론회에서 잘 이해가 안 되었던 것이나 미처 못한 얘기들을 마저 해 볼까?

일신에 전속한다는 의미

혜온 네~ 지난번에 듣기로는 '저작인격권은 일신전속성을 갖는다'고 했는데 사실 일신전속성이 뭔지, 일신전속성을 가지면 어떻게 된다는 것인지 잘 모르겠어요.

유 교수 그랬구나. 우리나라 법률용어가 대부분 한자어로 되어 있어서 요즘 혜온이 또래들에게는 좀 익숙하지 않을 거야. 보통 '일신전속성'을 가진 권리를 **일신전속권(一身專屬權)**이라고 하는데, 말 그대로 오직 한 사람에게만 속해 있는 권리라는 뜻이지. 그래서 이런 권리는 양도나 상속이 되지 않아. 보통 저작권을 양도한다고 할 때는 저작재산권을 양도하는 것이고, 계약서에 저작인격권을 포함하여 양도한다고 쓰여 있어도 그 부분은 아무런 효력이 없게 되는 거야.

혜온 아, 그러면 저작인격권이 저작물을 공표할 권리(**공표권**), 이름을 표시할 권리(**성명표시권**), 그리고 또… 맞다, 제목이나 내용을 동일하게 유지할 권리(**동일성유지권**) 이런 것인데, 이런 권리는 처음 저작물을 창작한 저작자 혼자만 가지는 것이고 아무리 저작권을 양도받았다고 하더라도 이런 권리를 가지지는 못하는 거네요.

유 교수 그래. 예를 들면 어떤 사람이 자기만 보려고 써 놓은 일기를 다른 사람이 보고 몰래 빼내어 가서 마치 자기가 저술한 것처럼 자기 이름으로 책을 만들어 이를 판매하기까지 했다면 가장 먼저 저작인격권 중 공표권과 성명표시권을 침해한 거지. 그리고 또 저작재산권도 침해했다고 볼 수 있어. 저작재산권 중에는 어떤 권리를 침해한 것 같니?

혜온 음… 먼저 일기를 인쇄해서 책으로 만들었으니까 복제권 침해에다, 여러 사람에게 판매했다면 배포권도 침해한 것 같아요.

유 교수 와~ 혜온이 대단한데? 그래 맞아. 그런데 만일 저작자가 그 사람에게 일기에 대한 저작권 전부를 양도하면서 책으로 출판하는 것을 허락했다고 하더라도 양도받은 사람이 그 책의 지은이를 다른 사람으로 표시한다든지 책 내용의 일부를 마음대로 변경한다든지 할 수는 없는 거야. 만일 그렇게 하는 경우에는 저작자가 이의를 제기할 수 있는 거지.

혜온 그럴 때 저작자가 어떤 식으로 이의를 제기할 수 있나요?

유 교수 먼저 법원에 출판금지가처분을 제기해서 임시로 출판을 하지 못하게 한 다음에 소송으로 출판금지 및 이미 만들어진 책의 폐기, 손해배상 등을 청구할 수 있겠지.[74] 물론 저작권법 위반으로 형사고소도 생각할 수 있고.

혜온 아하! 저작권을 다 양도받았어도 이름을 표시할 권리나 동일성을 유지할 권리는 여전히 저작자에게 있으니까 이런 것을 바꾸고 싶으면 저작자에게 별도로 허락을 받아야 하는 거군요.

유 교수 그렇지, 이제 저작인격권의 일신전속성이 어떤 의미인지는 다 이해가 된 거지?

혜온 네~

인터넷에서 영화 파일을 다운로드 하면 저작권법 위반?

혜온 교수님, 그런데 제가 제일 궁금한 건요. 친구들 보면 가끔 인터넷 사이트에서 공짜로 음악을 다운받아서 듣거나 영화를 다운받아 보는 경우가 많은데 그게 다 '불법 다운로드'라고 하잖아요. 사실 저도 가끔 받아보기는 하지만요. 근데 얼마 전에 그게 또 불법이 아니라고 주장하는 글을 인터넷에서 봤거든요. 도

---

74) 저작권법 제123조(침해의 정지 등 청구) 참조.

대체 누구 말이 맞는 건지 잘 모르겠어요.

유 교수　　그럼 혜온이가 본 글에서는 그게 왜 불법이 아니라고 했는지 기억나니?

혜온　　지난번 대담 토론회에서도 잠깐 이야기하신 것 같은데, '저작권법상 **사적이용**을 위한 복제는 허용되어 있고, 영화를 다운받아서 혼자 보는 것은 개인적으로 이용하기 위해 복제하는 것이니까 저작권법 위반이 아니다' 뭐 그런 이야기였던 것 같아요.

유 교수　　그래. 불법이 아니라고 주장하는 근거는 바로 그거야. 우리나라 저작권법 제30조를 다시 한 번 정확히 볼까?

> 공표된 저작물을 영리를 목적으로 하지 아니하고 개인적으로 이용하거나 가정 및 이에 준하는 한정된 범위 안에서 이용하는 경우에는 그 이용자는 이를 복제할 수 있다. (이하 생략)

다운받은 파일은 공표된 저작물이고, 영리를 목적으로 하지도 않고, 개인적으로 이용하는 것이며, 다운받아 자기 컴퓨터에 저장하는 것은 복제에만 해당하니까 사적 이용을 위한 복제로 허용되는 행위라고 볼 수 있지.

혜온 그럼 정말 불법이 아닌 거예요? 그것도 모르고 우린 그동안 엄청 죄의식에 사로잡혀 있었는데… 그럴 필요 없었던 거잖아요.

유 교수 허허~ 그래도 썩 자랑스러운 일 같지는 않은데? 그리고 어쩌면 당분간은 계속 죄의식을 느끼고 있어야 할지도 몰라. 서울중앙지방법원에서는 '이러한 다운로드 행위를 사적이용을 위한 복제로서 적법하다고 할 수 없다'고 결정한 적이 있거든.[75)]

혜온 어… 교수님이 말씀하신 거랑 다르네요. 법원에서 그렇게 결정한 이유는 뭐예요?

유 교수 위 사건의 결정문을 보면, '업로드되어 있는 영화 파일이 명백히 저작권을 침해한 파일인 경우에까지 이를 원본으로 하여 사적 이용을 위한 복제가 허용된다고 보게 되면, 저작권 침해의 상태가 영구히 유지되는 부당한 결과가 생길 수 있다'는 것이 그 이유야. 그래서 '다운로더 입장에서 복제 대상 파일이 저작권을 침해한 불법 파일인 것을 미필적으로나마 알고 있었다면' 그러한 다운로드 행위는 사적 이용을 위한 복제로서 적법하지 않다는 것이지.

---

75) 서울중앙지방법원 2008. 8. 5.선고 2008카합968 결정.

혜온 좀 이상한데요? 저작권 침해를 막으려면 업로드하는 사이트를 단속하면 될 텐데요. 법에서 적법하다고 허용한 행위를 적법하지 않다고 할 수 있는 근거로는 많이 약한 것 같아요.

유 교수 그래, 선생님도 그렇게 생각해. 부당한 결과가 생길 수는 있지만, 그것이 적법한 행위를 위법하게 만드는 '법률적 근거'가 되기는 어렵지. 그래서 이러한 점을 해결하기 위해서는 법률을 개정해서 입법적으로 해결하는 수밖에 없어.
실제로 독일이나 프랑스, 일본 같은 국가들은 불법 제작되었거나 업로드된 저작물을 불법이라는 사실을 알면서도 다운로드하는 행위는 이를 사적 이용을 위한 복제에서 제외하고 있다고 해.
우리나라에서도 2005년에 '저작권을 침해하여 만들어진 복제물 또는 정당한 권리 없이 배포, 방송, 전송된 복제물을 그 사실을 알면서 복제하는 경우'에는 사적복제에서 제외하도록 하는 저작권법 개정안이 발의된 적이 있었지만 국회를 통과하지 못했어. 2010년에도 정부에서 '불법 복제물임을 알고 다운로드 받은 경우'에 형사처벌 대상에서는 제외하지만, 민사상 손해배상 책임을 인정하는 저작권법 개정안을 입법예고까지 했었는데 반대에 부딪혀 폐기되었지.
결국 현재 우리나라 저작권법은 복제 대상이 되는 저작물의 적법성을 요건으로 하고 있지 않기 때문에 설사 그 파일이 불법 복제된 저작물이라고 하더라도 사적 이용을 위한 복제에 해당하면 저작권 침해가 되지 않는다고 볼 수 있을 거야.

혜온 다운로드 하는 저작물이 불법 복제물이란 것을 알았는지 몰랐는지 어떻게 알 수 있지요? 더군다나 사이트에 업로드되어 있는 파일들을 조금이라도 돈을 내고 다운로드 받는 경우에는 다운로드 받는 사람 입장에서는 그 파일이 불법 복제된 파일인지 아닌지 알기도 어렵잖아요. 만일 말씀하신 것처럼 법률이 개정되더라도 이런 경우에는 저작권법 위반이라고 쉽게 단정할 수는 없을 것 같아요.

유 교수 그래, 혜온이 말이 맞다. 그런데 한 가지 조심해야 할 것이 있어. 요즘에는 저작물을 공유하는 사이트 중에 토렌트 프로그램을 이용한 사이트들이 많은데, 토렌트 방식은 파일을 다운로드 받으면 동시에 업로드가 같이 이루어지기 때문에 다운로드 받는 사람은 자기가 다운로드만 했다고 생각하지만, 사실은 불특정 다수의 이용자에게 전송되기 때문에 '복제'뿐만 아니라 '전송' 행위를 한 것이 돼. 이런 경우는 사적 이용을 위한 복제에 해당하지 않게 되는 거야. 결국, 저작권법 위반이 되는 거지.

혜온 이런 저도 모르게 범법자가 될 수 있다니… 무서워요. 사실 불법적인 저작물이라도 이것을 업로드해서 영업을 하는 사람을 강력하게 처벌하면 되는데, 개인이 자기만 듣고 보기 위해서 다운받는 것까지 형사처벌 하는 건 너무 사소한 것에 집착하는 것 아닌가 싶어요. 다운로드 받은 사람들을 일일이 찾아내서 처벌한다는 것도 사실상 어렵고, 그것 때문에 저작자의 이익이 그다지 많이 침해되는 것도 아닐 텐데요. 요즘 같이 쉽게 인터넷에서 정보를 주고받을 수 있는 세상에 공짜로 다운받을 수 있는 사이트에서 음악이나 영화 하나쯤 다운받아 보지 않은 사람은 아마 없을 거예요. 어쩌면 앞으로 그런 사람들은 다 전과자가 되어야 할지도 모르잖아요.

유 교수 혹시 혜온이 너 지금 떨고 있는 거 아니니?

저작권 발생에 관한 '방식주의'와 '무방식주의'

혜온 교수님, 보통 인터넷에 보면 홈페이지 밑에 '© 2010 All Rights Reserved'라는 식으로 쓰여 있는데 이것을 해석하면 '2010년부터 내가 모든 저작권을 가지고 있다' 이런 거죠? 저작물에 꼭 이런 표시를 해 두어야 저작권이 인정되나요?

유 교수 '©' 표시는, 1952년 스위스 제네바에서 유네스코의 제창으로 성립된 **세계저작권협약**(Universal Copyright Convention)[76)]에 따라 표시하기 시작한 것인데, 저작물에 copyright을 뜻하는 '©' 표시를 하고 저작물의 최초 발행 연도, 저작권자의 성명을

76) 우리나라에서는 1987년에 가입하였다.

표시하면 이 조약에 가입한 나라에 대해서는 서로 저작권을 보호하기로 한 거지.[77] 저작권의 발생에 관해 **방식주의**를 취하고 있던 미국을 중심으로 성립된 조약이야.

반면에 세계저작권협약 이전에 이미 1886년에 국제적으로 저작권을 보호하기 위해 프랑스, 독일, 이탈리아 등 유럽 국가들을 중심으로 체결된 조약이 있었는데 그게 바로 **베른협약**(Berne Convention)[78]이야. 베른협약은 저작물에 따로 어떤 표시를 하거나 등록을 하지 않아도, 저작물이 완성되는 것과 동시에 저작권이 발생하는 것으로 인정하는 **무방식주의**를 채택하고 있지. 그런데 미국이 1989년에 이 베른협약에 가입하면서 무방식주의를 취하게 되었고 베른협약이 전 세계적으로 저작권에 관한 표준적인 조약이 됐어. 이에 따라 오늘날 '©' 표시는 별 의미가 없어졌지.

우리나라 저작권법에도 "저작권은 저작물을 창작한 때부터 발생하며 어떠한 절차나 형식의 이행을 필요로 하지 아니한다"[79]라고 규정되어 있어서 베른협약에 따른 무방식주의를 명문화했지. 그래서 저작물에 '©' 표시를 하거나 저작권 등록을 하지 않아도 저작권은 저작물을 창작한 바로 그때부터 인정되는 거야.

혜온 그러면 지금도 계속 '©' 표시를 하는 이유는 단지

---

77) 세계저작권협약 제3조 제1항.

78) 정식명칭은 '문학 · 예술적 저작물의 보호를 위한 베른협약'. 우리나라는 1996년에 가입하였다.

79) 저작권법 제10조 제2항.

'내가 저작권을 가지고 있으니 침해할 생각하지 마라' 하고 경고하는 것에 불과하네요.

저작물을 이용하려면 누구에게 허락을 받아야 하는가

혜온 교수님, 지난번 토론회 때, 대형 백화점이나 마트에서 음악을 틀면 저작권료를 내야 한다고 하셨잖아요. 노래가 한두 개도 아닐 텐데 어떻게 작사, 작곡가들을 일일이 찾아다니면서 저작권료를 지급하나요?

유 교수 그럼 먼저 누구에게 돈을 지급해야 하는지 생각해 볼까? 먼저 혜온이가 말한 작사, 작곡자들이 그 음악 저작물의 저작권자들이니까 이 사람들에게 돈을 지급해야겠지. 또 누가 있을까?

혜온 노래를 부른 가수와 연주한 연주자들도 저작권자일 것 같아요.

유 교수 음… 노래를 부른 가수나 연주자들에게도 돈을 지급해야 하는 건 맞는데 작사가나 작곡가들과는 좀 다른 게 있어. 가수나 연주자들이 노래를 부르거나 연주하는 것을 저작권법 용어로는 실연이라고 해. 저작권법은 이렇게 실연을 하는 사람들에게도 실연에 대한 권리를 인정하고 보호하는데 이런 권리는 저작권이 아니라 **저작인접권**이라고 하지. 실연 외에도 음반, 방송 역시 저작인접권이 인정되고 이런 권리를 가지는 실연자, 음반제작자, 방송사업자를 **저작인접권자**라고 해.[80] 그래서 저작물을 이용하려면 이런 저작인접권자들에게도 허락을 받고 그에 대한 보상을 해 주어야 하는 거야.

혜온 그럼 매장에서 음반을 트는 경우에는 작사가, 작곡가, 가수, 연주자, 음반제작자들에게 허락을 받아야 하는데 그 많은 노래의 저작권자나 저작인접권자들에게 어떻게 다 일일이 허락을 받을 수 있나요?

유 교수 그래, 허락을 받아야 하는 사람도 문제지만 허락을 해 줄 사람도 누가 자신의 저작권이나 저작인접권을 침해하고 있는지 알 수 없으니 그 보상을 제대로 청구하기도 어렵지. 그래서 한국음악저작권협회와 같은 신탁관리단체가 생겨난 거야. 저작권자들은 신탁관리단체에 자신의 권리를 신탁해서 관리를 맡기고 신탁관리단체가 권리행사 및 관리를 해서 권리자들에게 저작권료를 지급하는 것이지. 그래서 저작물 등을 이용하고자 하는 사람들도 해당 저작자가 아니라 신탁관리단체와 계약을 체결하고 돈을 지급하면 되는 것이고.

---

80) 저작권법 제64조

혜온 휴~ 저작권자를 한 사람씩 찾아다니지 않아도 되니까 다행이긴 한데, 그래도 소소하게 이용할 때마다 저작권법 규정 그대로 이용허락을 받고 하기가 쉽지는 않을 것 같아요. 실제로 개인 블로그에 배경음악을 틀거나 재미로 동영상을 만들어서 유튜브 같은 곳에 올릴 때 모두 저작권자들의 허락을 받지는 않잖아요. 왠지 좀 찜찜할 것 같아요.

유 교수 그래, 개인 블로그나 재미로 UCC를 만들어 올리는 경우는 사안에 따라서 저작권법의 **공정 이용**(Fair Use)에 관한 조항이나 제28조의 공표된 저작물의 인용 규정이 적용될 수 있는 여지가 있으니까 앞으로는 그 기준을 잘 생각하면서 그것에 맞게 이용하면 좋겠지. 혜온이는 똑똑하니까.

Chapter 10

죽음에 대한 자기 결정권

존엄사, 권리인가?

'A'는 수술 중 과다 출혈로 심정지가 발생해서 결국 뇌 손상을 입고 식물인간 상태에 빠졌다. 그때부터 계속 인공호흡기를 부착한 상태로 연명 치료를 하고 있었는데 인공호흡기를 제거하면 곧 사망에 이르게 될 것으로 예상됐다. 이에 A의 가족들은 무의미한 연명치료를 거부한다며 인공호흡기를 제거해 달라고 요청했다. 그러나 의사는 '환자에 대한 생명보호 의무가 우선하므로 치료를 중단할 수 없다'며 이를 거부했다.

생각해보기

1. 안락사와 존엄사는 어떻게 다른가?
2. 존엄사를 인정하거나 인정하지 않을 법적 근거는 무엇인가?
3. 존엄사를 인정하는 데 필요한 조건은 무엇인가?

헌법

제10조
모든 국민은 인간으로서의 존엄과 가치를 가지며, 행복을 추구할 권리를 가진다. 국가는 개인이 가지는 불가침의 기본적 인권을 확인하고 이를 보장할 의무를 진다.

유 교수　　자~ 오늘이 토론 수업 마지막인데, 혜온이, 예린이 모두 토론대회 준비 잘하고 있지?

혜온　　예, 주제가 '존엄사, 인정할 것인가'인데요. 잘 몰라서 그냥 여기저기 뒤져가면서 찬반 주장을 정리하고 있어요. 아직 찬성 측이 될지, 반대 측이 될지 몰라서요. 저는 우선 반대하는 입장에서 정리하고 있고요, 예린이는 찬성 측 입장을 준비하고 있어요.

존엄사 논란의 발단: '보라매병원 사건'

유 교수　　그렇구나, 그럼 먼저 우리나라에서 존엄사 논란을 불러일으키게 된 사건에 관해서 한 번 알아볼까?
존엄사 논란은 1997년에 있었던 **보라매병원 사건**에서부터 출발했어. 인공호흡기에 의지해 호흡을 유지하던 환자가 있었는데, 그의

아내가 경제적인 이유로 더는 치료를 받을 수 없으니 인공호흡기를 제거하고 남편을 퇴원시켜달라고 요청했던 일이지.
의사는 환자의 아내로부터 '퇴원 이후 모든 책임은 환자 또는 환자 가족이 부담한다'라는 각서를 받고 인공호흡기를 떼어냈는데, 환자가 사망한 후에 환자의 동생이 의사를 고소했어. 결국, 그 의사는 살인방조죄로 처벌을 받게 되었고. 이 사건 이후로 병원에서는 아무리 환자 가족이 요청하더라도 연명 치료를 중단하기가 어려워졌지.

예린 환자 가족들 입장에서는 환자가 회복될 가능성도 없는 상태에서 언제까지 막대한 치료비를 감당할 수 없고, 병원 입장에서는 처벌을 받을 수 있으니까 연명 치료를 중단할 수도 없고…. 난감하네요.

유 교수 그래, 그런데 2008년에 다시 김할머니 사건이 발생한 거야. '김할머니'는 병원에서 폐종양 조직검사를 받던 중에 과다 출혈 등으로 심정지가 발생해서 결국 뇌 손상을 입고 지속적 식물인간상태(Persistent vegetative state)에 빠졌어. 그때부터 계속 인공호흡기를 부착해서 연명치료를 하고 있었는데, 인공호흡기를 제거하면 곧 사망할 것으로 예상되는 상태였지.
이에 김할머니의 가족들은 '평소 김할머니가 무의미한 생명 연장을 거부하고 자연스러운 사망을 원했다'고 주장하면서 병원에 인공호흡기 등 연명 치료를 중단해 달라고 요청했어. 그러나 병원에서는 '환자에 대한 생명보호 의무가 우선이므로, 환자에 대한 치료를 중단할 수 없다'며 이를 거부했지. 사실 아까 '보라매병원 사건'에서 이야기했지만, 병원이 치료를 중단하면 의사가 형사처벌을 받을 수 있으니까 병원 입장에서는 인공호흡기를 제거할 수 없었던 거야.
결국, 환자 가족들이 병원을 상대로 인공호흡기 등 연명 치료를 중단해 달라고 법원에 청구했는데 이 사건이 바로 2009년 대법원에서 연명 치료 중단 허용 판결을 받은 '김할머니 사건'이야.

안락사와 존엄사, 어떻게 다른가

혜온 교수님, 보통 자연적인 죽음을 앞당기는 행위나 그러한 죽음을 '안락사'라고 하는데 엄밀히 말하면 '존엄사'하고는 개념이 다르지요? 사실, 헷갈리기도 하는데요. 교수님께서 말씀하신 '보라매병원 사건'이나 '김할머니 사건'은 모두 존엄사에 관한 사례 아닌가요?

유 교수 그래 맞았어. 일반적으로, 불치의 병으로 고통 받는 사람들이 주위의 도움을 받아 적극적으로 자신의 생명을 단축하는 행위를 안락사(Euthanasia)라고 한단다.
존엄사(Death with Dignity)는 회복 불가능한 상태에 이른 환자가 품위 있는 죽음을 위하여 생명 연장조치, 즉 '연명 치료'를 중단하는 것을 말해. 그래서 보통 존엄사를 '소극적인 안락사'의 한 유형으로 분류하기도 하지. 그런데 안락사나 존엄사에 대한 개념들은 아직도 명확하게 정리되어 있지 않은 것 같아.

안락사나 존엄사를 허용하는 나라

혜온 교수님, 그럼 다른 나라들은 안락사나 존엄사에 관해서 어떠한 태도를 보이고 있나요?

유 교수 '법'으로 존엄사를 허용하는 대표적인 나라는 우리가 흔히 '베네룩스 3국'이라고 부르는 벨기에, 네덜란드, 룩셈부르크가 있어. 특히, 네덜란드는 법으로 안락사까지 인정한 최초의 국가야. 독일이나 영국, 프랑스, 이탈리아는 법원의 '판결'을 통해서 존엄사를 인정한 나라들인데, 최근 프랑스는 말기 환자에게 진정제를 투여해 잠든 상태에서 숨질 수 있도록 하는 사실상의 안락사 법안을 최종 통과시켰어. 미국에서는 50개 주 중 약 40개 주에서 존엄사를 인정하고 있고 일부 주에서는 의사의 도움을 받는 안락사가 합법이라고 해. 아시아에서는 일본이 법원의 판결로 존엄사를 인정했고, 태국은 아시아에서는 드물게 안락사까지 허용하는 나라이지.

유 교수 자, 존엄사에 대한 설명은 이 정도로 하고, 이제 본격적으로 혜온이와 예린이가 각자 준비한 걸 가지고 토론대회 리허설을 해 보도록 하자. 토론대회라고 생각하고 진짜 같이 한 번 해 보는 거야.

예린 예~

혜온 아~ 떨려요.

토론대회 실전 리허설

유 교수 사회를 맡은 유○○ 교수입니다. 그동안 많이 논란이 되었지만, 대법원은 이미 2009년 5월 21일 소위 '김할머니 사건'에서 무의미한 연명 치료의 중단을 허용하는 판결을 내린 바 있습니다.[81] 이는 일정한 조건으로 존엄사를 인정하는 것이었는데요. 오늘은 이러한 존엄사에 관하여 과연 이를 제도화하는 것이 타당한가 하는 주제로 토론해 보도록 하겠습니다.
먼저 존엄사의 제도화를 찬성하는 쪽에서 입장을 발표해 주십시오. 이어서 반대 측 주장을 들어 보도록 하겠습니다.

---

81) 대법원 2009. 5. 21. 선고 2009다17417 전원합의체 판결.

찬성 측 주장: 생명은 스스로 결정할 수 있어야 한다

예린 찬성 측의 송예린입니다. 사회자께서 설명해 주셨듯이 존엄사는 회복 불가능한 상태에 이른 환자가 '본인 의사에 따라', '무의미한 연명 치료'를 중단하는 것입니다. 저는 먼저 인간의 기본적인 권리라는 측면에서 존엄사가 반드시 인정되어야 한다고 생각합니다.

첫째, 존엄사는 헌법상 행복추구권에 근거하는 기본권입니다. 헌법 제10조는 "모든 국민은 인간으로서의 존엄과 가치를 가지며, 행복을 추구할 권리를 가진다. 국가는 개인이 가지는 불가침의 기본적 인권을 확인하고 이를 보장할 의무를 진다"라고 규정하고 있습니다. 이러한 인간으로서의 존엄과 가치, 행복추구권은 개인이 어떻게 행동할 것인지를 스스로 결정할 수 있는 '자기결정권'을 전제로 하는 것입니다.

만일 다른 사람이나 국가로부터 이러한 자기결정권을 침해당한다면 헌법 제10조가 천명한 기본적 인권은 단순히 말과 글로만 존재하는 무의미한 것이 될 것입니다. 특히 다른 사람에게는 아무런 해가 없고 오직 자신에게만 영향을 미치는 일에 대해, 자기결정권은 절대적으로 보장되어야 하는 권리입니다.

존엄사가 바로 그런 경우입니다. 존엄사는 생명이라는 절대적인 가치와 관계된 것이지만, 그렇다고 해서 인간으로서의 존엄과 가치, 행복을 추구할 자기결정권을 침해당해야 할 사안은 아닙니다.

둘째, 생명 연장만이 생명 존중은 아닙니다. 생명을 연장토록 하는 것만이 생명의 가치와 인간의 존엄성을 지키는 것이라고 할 수 있을까요? 죽음이 임박한 환자의 견딜 수 없는 고통을 덜어주고, 순리에 따른 죽음을 맞도록 하는 것 역시 인간의 존엄과 생명의 가치를 존중하는 것입니다.
이미 회복할 수 없는 상태일 때, 기계에 의존해서 무의미하게 생명을 연장하는 것보다 자연적인 죽음을 택하는 것을 더 행복한 것으로 생각한다면 본인이 그것을 택할 수 있어야 합니다. 적어도 최후의 순간, 인생에서 마지막으로 내리는 그 결정은 그 어떤 것보다 사려 깊고 신중하며 존중되어야 할 결정이라고 생각합니다.
이상입니다.

반대 측 주장: 생명은 처분될 수 없는 절대적인 가치다

혜온　　　안녕하세요, 반대 측의 신혜온입니다. 인간의 생명은 그 어떤 권리나 자유에도 우선하는 절대적인 가치이고 인간이 스스로 결정할 수 없는 한계입니다. 저는 생명이라는 가치 그 하나만으로도, 존엄사가 우리 사회에서 제도화되면 안 되는 충분한 이유가 된다고 생각합니다. 이렇게 주장하는 구체적인 근거를 말씀드리겠습니다.

첫째, 인간의 생명은 모든 기본권의 전제이자, 처분될 수 없는 영역입니다. 생명이 있어야 기본권을 이야기할 수 있습니다. 종교적으로는 신의 영역에 속하는 것이지만 굳이 종교의 영역까지 들어가지 않아도 우리나라의 헌법과 법률은 인간의 생명 존중과 보호를 최우선적인 가치로 여기고 있고, 스스로 처분할 수 없는 것임을 인정하고 있습니다. 예를 들면, 우리나라 형법 제252조는 어떤 사람의 부탁을 받고 그의 생명을 해하는 행위나 심지어 자살을 도와주는 자살방조 행위에 대해서도 이를 엄하게 처벌하고 있습니다.[82]

둘째, 생명경시 풍조가 만연될 가능성이 있습니다. 존엄사를 하나의 권리로 제도화하면 인간의 생명을 마치 처분할 수 있는 것으로 여겨 생명을 경시하는 풍조가 조장될 수 있습니다. 특히 환자가 이미 스스로 결정할 수 없는 상태에 빠져 가족 등 타인이 이를 대신 결정할 수 있도록 하는 경우, 어쩌면 그들에게 '귀찮고 필요 없는 존재'로 전락한 한 사람을 죽도록 내버려 두는 수단이 될 가능성도 있습니다.

셋째, 누군가는 존엄사를 '죽어야 하는 의무'로 받아들일 수도 있습니다. 존엄사가 제도화된다면 극빈층이나 경제적 능력 없는 노인들의 경우, 존엄사는 자신의 실제 의도와는 달리 '죽음을 선택할 권리'가 아닌 '죽어야 하는 의무'로 여겨지게 될 수도 있습니다.

---

82) 제252조(촉탁, 승낙에 의한 살인 등) ① 사람의 촉탁 또는 승낙을 받아 그를 살해한 자는 1년 이상 10년 이하의 징역에 처한다. ② 사람을 교사 또는 방조하여 자살하게 한 자도 전항의 형과 같다.

넷째, 의학적 오판의 가능성은 언제나 열려 있습니다. 존엄사는 환자가 회복 불가능한 상태에 있는 것을 전제로 합니다. 그런데 아무리 의학이 발달했다고 하더라도 '회복 불가능 상태'를 절대적으로 명확하게 판단하는 것은 불가능합니다. 생명은 끊어지고 나면 다시 돌이킬 수 없습니다.
이상입니다.

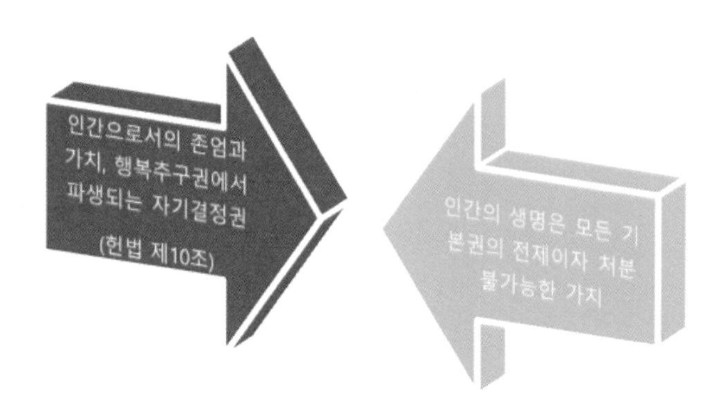

찬성 측 반론

예린 찬성 측의 송예린입니다. 반대 측의 주장과 논거는 잘 들었습니다. 반대 측에서는 '생명의 절대성'을 이야기하고 있는데, 이러한 절대성이 그 주체조차 아무런 권리를 가질 수 없을 정도로 강력하다면, 저는 그러한 생명의 절대성에 대해서는 많은 의문이 듭니다.

첫째, 반대 측에서는 '우리나라 법률에서도 생명을 스스로 처분할 수 없는 것임을 인정하고 있다'고 주장하면서 형법에서 자살방조죄를 처벌하는 것을 그 예로 들었는데, 형법에서 절대적으로 보호하는 생명의 가치는 '다른 사람의 생명'에 한정됩니다.
즉, 자살방조죄나 촉탁, 승낙에 의한 살인죄는 다른 사람의 생명에 관여한 사람을 처벌하는 것입니다. 만일 형법이 '자신의 생명'도 스스로 처분할 수 없는 것으로 인정했다면, 자살을 시도하였지만 실패로 끝났을 때 그 사람을 처벌해야 하는 이상한 법이 만들어져야 할 것입니다. 결국, 생명에 대한 '자기결정권'은 형법에서도 여전히 인정되고 있는 것입니다.

둘째, 존엄사는 원칙적으로 환자 본인이 스스로 자기결정권을 행사하는 경우를 전제로 합니다. 환자 스스로 결정할 수 없는 상태에서 가족 등 타인이 대신 환자의 죽음을 결정하는 경우에 발생할 수 있는 부작용 때문에 존엄사를 인정할 수 없다는 것은 주객이 전도된 주장입니다. 또한 가족 등 타인이 대신 존엄사를 결정하는 경우 그 요건과 절차를 엄격히 규정하면 그 부작용을 최소한으로 줄일 수 있을 것입니다.

셋째, 극빈층의 문제는 복지정책으로 보완할 문제이며, 존엄사를 제도화하지 않는다고 해결되는 문제는 아니라고 봅니다.

마지막으로, 의학적 오판의 가능성에 대해서는, 환자의 회복 불가능 상태를 결정할 수 있는 독립적인 심사기관이 주치의와 함께 신중하게 판단하도록 하는 구체적인 방안이 마련되면 될 것입니다. 현재에도 장기기증을 목적으로 하는 경우 독립적인 위원회에서 뇌사 판정을 하고 있는데 존엄사도 이처럼 생각하면 될 것입니다. 이상입니다.

반대 측 반론

혜온 반대 측의 신혜온입니다. 찬성 측에서 주된 논거로 내세운 생명에 대한 '자기결정권'은 이론적으로는 정말 그럴싸하게 들립니다. 그러나 존엄사 제도가 과연 현실적으로도 그렇게 인간으로서의 존엄과 가치를 지켜주는 수단이 될 수 있을까요?

첫째, 존엄사는 존엄하지 않은 죽음이 될 가능성이 있습니다. 어떤 말기 암 환자가 있다고 가정해 보겠습니다. 암으로 인한 통증에 항암 치료까지, 극심한 통증으로 견디기가 어렵습니다. 그러나 아직은 회복할 수 없다고 판정할 단계는 아닙니다. 마약성 진통제가 투여되어 가끔은 정신이 혼미하고, 통증이 심한 날은 정말 포기하고 싶은 마음이 저절로 듭니다. 설상가상으로 경제적 형편이 넉넉하지도 않습니다. 식구들 고생만 시키는 것 같아 미안하기만 합니다. 우울감이 찾아오고 이렇게 조금 더 살면 뭐하나 하는 생각이 듭니다. 이런 상태에서 주치의가 연명 치료 중단에 관한 권리를 설명하며 '사전의료지시서'를 작성해 달라고 합니다. 과연 이 사람은 자신의 인생을 통틀어 그 어느 때보다 사려 깊고 신중하게 결정할 수 있을까요?

둘째, 존엄사가 인정될 경우 경제적 능력이 없는 사람이 느끼는 압박을 고려해야 합니다. 경제적 능력이 전혀 없는 독거노인의 경우는 어떻습니까? 가족들이 있어도 경제적 능력이 없거나 관계가 좋지 않다면 어떨까요? 연명 치료에는 많은 돈이 들어갈 것입니다. 우리나라에서 그 비용에 전혀 개의치 않고 연명 치료를 해 달라고 할 수 있는 사람이 과연 몇 퍼센트나 될까요?
이렇듯 존엄사에 관한 한 '자기결정권'이라는 것은 존엄하게 죽을 권리를 선택하는 것이 아니라 자신이 '생명을 연장해서는 안 될 존재'라고 느끼게 하는 압박이 될 것입니다.

셋째, '생명 존중 가치관'이라는 공익에 대한 침해가 될 수 있습니다. 찬성 측에서는 생명에 대한 결정권이 타인을 해하는 것이 아니니까 존엄사가 보장되어야 한다고 주장합니다. 그러나 개인이 생명 연장 여부를 결정할 수 있도록 존엄사가 '제도화'된다면, 생명은 그야말로 '처분할 수 있는 가치'로 전락할 수 있습니다. 필연적으로 생명 경시 풍조가 만연할 것이고, 특별히 그 대상은 노인이나 경제적 능력이 없는 사람들로 집중될 것입니다. 장기매매와 같은 범죄가 조장될 수도 있습니다.
우리 사회에서 생명 존중이라는 건전한 가치관은 생명 경시로 인한 각종 범죄와 부조리를 막아 주는 방어막으로 작용하기 때문에 그 자체로 '공익'입니다. 생명에 대한 자기결정권이 비록 직접 타인을 해하는 것이 아닐지라도 그로 인한 공익의 침해는 중대합니다. 들어 주셔서 감사합니다.

존엄사를 인정하기 위한 조건(대법원 판결을 중심으로)

혜온 여기까지예요, 교수님. 찬성 측, 반대 측의 최종발언은 아직 준비를 못 했어요.

유 교수 얘들아 너희들 준비 많이 했구나. 정말 잘 들었어. 입론과 반론은 양측 다 잘 정리된 것 같고, 이제 최종 발언만 준비하면 되겠는데, 존엄사에 대한 대법원 판결을 한 번 살펴보면 정리가 좀 될 것 같아.

예린 사실 대법원이 최종적으로 존엄사를 인정했기 때문에 이제는 존엄사를 인정하되 어떻게 인정할 것인지에 관해서 더 많이 논의되어야 할 것 같아요.

유 교수 그래. 예린이 말대로 이제는 존엄사를 인정하는 절차나 그 효과를 구체적이고 명확하게 정할 필요가 있어. 그렇지 않으면 회복 불가능한 환자를 앞에 둔 가족과 의료진이 어떻게 행동해야 할지 명확하지 않겠지. 그렇지만 존엄사에 관한 논쟁이 필요 없어진 것은 아니란다. 존엄사를 어떤 방법으로 인정하고 그 효과는 어떻게 정할지, 부작용을 어떻게 방지할지 등을 정하는 것은 결국은 이러한 논쟁의 결과를 구체화하는 것이거든.

혜온 대법원 판결에서 존엄사를 인정하기 위한 요건은 무엇이었나요?

유 교수 대법원이 판시한 그대로 인용하자면, "회복 불가능한 사망의 단계에 이른 후에 환자가 인간으로서의 존엄과 가치 및 행복추구권에 기초하여 자기결정권을 행사하는 것으로 인정되는 경우에는 특별한 사정이 없으면 연명 치료의 중단이 허용될 수 있다"는 것이었어.

가장 먼저 전제되는 것은 '회복 불가능한 사망의 단계에 이른 후'[83]에 자기결정권을 행사해야 한다는 것인데, 회복 불가능한 상태에 이르기 전에 이를 대비해서 미리 '사전의료지시'를 한 경우에도 해당하지. 그 이후에도 환자의 의사가 바뀌었다고 볼 만한 특별한 사정이 없으면 자기결정권을 행사한 것으로 인정할 수 있다고 했어.

그런데 이런 결정은, '환자가 의료인으로부터 직접 충분한 의학적 정보를 제공받은 후 이를 바탕으로 자신의 가치관에 따라 진지하게 구체적인 진료행위에 관한 의사를 정한 것'이라야 한다는 거야.

83) 위 대법원 판결에 의하면, '회복 불가능한 사망의 단계'는, 의학적으로 환자가 의식의 회복 가능성이 없고 생명과 관련된 중요한 생체기능의 상실을 회복할 수 없으며 환자의 신체상태에 비추어 짧은 시간 내에 사망에 이를 수 있음이 명백한 경우를 말한다.

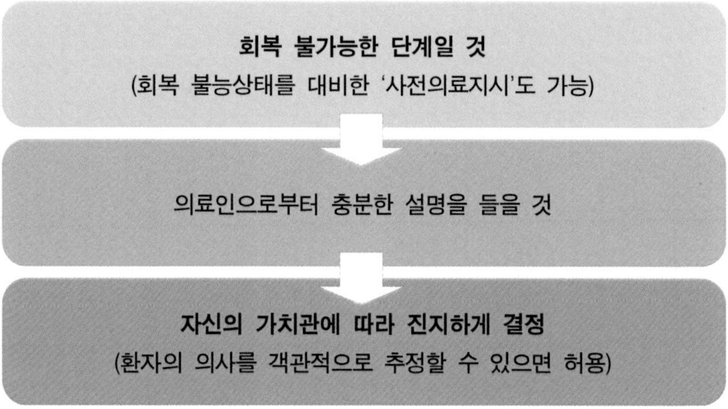

회복 불가능한 단계일 것
(회복 불능상태를 대비한 '사전의료지시'도 가능)

↓

의료인으로부터 충분한 설명을 들을 것

↓

자신의 가치관에 따라 진지하게 결정
(환자의 의사를 객관적으로 추정할 수 있으면 허용)

예린 교수님, 그런데 그 대법원 판례도 그렇고, 실제로는 환자가 스스로 결정하지 못한 상태에서 이미 의식을 상실한 경우가 가장 문제일 것 같아요. 그 환자 가족들이 연명치료를 중단하도록 요청하면 병원에서는 이럴 수도 저럴 수도 없잖아요.

유 교수 그래, 그런 경우가 제일 어렵지. '김할머니 사건'에서 대법원은, 의식불명에 빠졌더라도 환자가 연명치료 중단을 선택하였을 것으로 추정할 수 있으면 연명 치료 중단을 허용할 수 있다고 판단했어.[84] 환자가 평소에 가족, 친구 등에게 한 말이나,

84) "환자의 평소 가치관이나 신념 등에 비추어 연명치료를 중단하는 것이 객관적으로 환자의 최선의 이익에 부합한다고 인정되어, 환자에게 자기결정권을 행사할 수 있는 기회가 주어지더라도 연명치료의 중단을 선택하였을 것이라고 볼 수 있는 경우에는 그 연명치료 중단에 관한 환자의 의사를 추정할 수 있다고 인정하는 것이 합리적이고 사회상규에 부합된다."(위 대법원 판결 중)

다른 사람에 대한 치료를 보고 환자가 보인 반응, 환자의 종교, 평소의 생활 태도 등도 참작이 될 수 있지.

혜온 결국 환자가 존엄사에 대해 결정을 하지 못하고 의식불명에 빠졌을 때는 환자의 의사를 추정해서 존엄사를 인정할 수 있다는 말이네요. 그런데 좀 이해가 가지 않아요. 존엄사를 인정하는 근거로 '자기결정권'을 들고 있는데, 의식이 없어 '자기결정권'이 없는 경우에도 존엄사를 인정할 수 있다니요.

유 교수 그래. 현실적으로 어떨 때 인정할 수 있는지, 인정하기 위해 어떠한 절차를 거쳐야 하는지는 입법적으로 구체화하여야 할 문제이지. 우리나라도 2016년 2월 3일 존엄사에 관련된 법률[85]이 통과되었는데 사례가 충분히 쌓이면서 계속 토론되고 보강되어야 할 거야.
자, 이제 토론 수업은 여기까지. 그동안 너희들 모두 수고 많았다. 토론대회에서 떨지 않고 잘할 수 있겠지?

혜온/예린 네, 교수님~ 감사합니다!

85) 호스피스 · 완화의료 및 임종과정에 있는 환자의 연명의료결정에 관한 법률.

호스피스·완화의료 및 임종과정에 있는 환자의 연명의료결정에 관한 법률

대법원 판결(대법원 2009. 5. 21. 선고 2009다17417) 이후, 2016. 2. 3. '호스피스·완화의료 및 임종과정에 있는 환자의 연명의료결정에 관한 법률'(약칭: '연명의료결정법')이 제정되었다. 이 법은 2017. 8. 4. 부터 시행되었다.

1. 기본원칙(제3조)

모든 환자는 최선의 치료를 받으며, 자신이 앓고 있는 상병의 상태와 예후 및 향후 본인에게 시행될 의료행위에 대하여 분명히 알고 스스로 결정할 권리가 있다(제3조 제2항).

2. 연명의료중단등 결정(제15조)

담당의사는 임종과정에 있는 환자가 다음 각 호의 어느 하나에 해당하는 경우에만 연명의료중단등 결정을 이행할 수 있다.

① 연명의료계획서, 사전연명의료의향서 또는 환자가족의 진술을 통하여 환자의 의사(意思)로 보는 의사가 연명의료중단등 결정을 원하는 것이고, 임종과정에 있는 환자의 의사에도 반하지 아니하는 경우

② 제18조(환자의 의사를 확인할 수 없는 경우의 연명의료중단등 결정)에 따라 연명의료중단등 결정이 있는 것으로 보는 경우

3. 환자의 의사를 확인할 수 없는 경우(제18조)

환자의 의사를 확인할 수 없고 환자가 의사표현을 할 수 없는 의학적 상태인 경우 다음 각 호의 어느 하나에 해당할 때에는 해당 환자를 위한 연명의료중단등의 결정이 있는 것으로 본다.

① 미성년자인 환자의 법정대리인(친권자에 한정한다)이 연명의료중단등 결정의 의사표시를 하고 담당의사와 해당 분야 전문의 1명이 확인한 경우

② 환자가족 전원의 합의로 연명의료중단등 결정의 의사표시를 하고 담당의사와 해당 분야 전문의 1명이 확인한 경우

4. 임종과정의 정의(제2조)

"임종과정"이란 회생의 가능성이 없고, 치료에도 불구하고 회복되지 아니하며, 급속도로 증상이 악화되어 사망에 임박한 상태를 말한다.